マンガでわかる

# 稲盛和夫のアメーバ経営

監修 京セラコミュニケーションシステム株式会社
マンガ 綾瀬てる

JN217163

マイナビ

# 目次

## 主な登場人物

### 星空《ほしぞら》 美鈴《みすず》

ジャングルマート新宿店・アウトドア&バラエティー売り場で働く、新卒3年目社員。思ったことを素直に口に出してしまうが、自然と周りを巻き込んでいく。小泉と時にぶつかりながらも、ゼロからアメーバ経営を学んでいく。

### 小泉《こいずみ》 琢磨《たくま》

アメーバ経営の知識と実績を買われ、スーパーマーケットのカリスマバイヤーからジャングルマートにヘッドハンティングされた。一見クールでスマートながら、熱血漢でもある。ジャングルマートを立ち直らせることが使命。

## 高《こう》坂《さか》 晴《はる》信《のぶ》

ジャングルマート社長。業績が下がり続ける会社を立て直そうと、アメーバ経営導入を決意。過去にもアメーバ経営を試験導入しようとした経験があるが、ある原因から失敗している。

## 東《とう》條《じょう》 正《まさ》和《かず》

ジャングルマート新宿店店長で、美鈴の直属の上司。昔気質の商人タイプでプライドが高く、自分の考えややり方を変えることには抵抗がある。やる気はあるがアメーバ経営には懐疑的。

## 園《その》田《だ》 博《ひろ》文《ふみ》

ジャングルマート新宿店で働く、美鈴の先輩社員。自分の売り場の利益ばかりを追求する利己的な考えを持つ。美鈴とはたまに口《くち》喧《げん》嘩《か》をするが、本音を言い合う間柄。

## 矢《や》澤《ざわ》 俊《とし》彦《ひこ》

ジャングルマート本社商品部社員。自社ブランド製品の開発を管理する窓口役。厳しい言葉も忌《き》憚《たん》なく言うあけすけな性格で、店舗側からはけむたがられていたが……。

# 第1章 ▶▶▶

# 「アメーバ経営」ってなんだ?

美鈴の働くジャングルマート新宿店は売上が低迷していた。
危機感を覚えた社長の高坂は社外から助っ人を招き入れ、
ある経営手法を導入することに。

東京　新宿
ジャングルマート新宿店
パーティグッズ
大人気

いらっしゃいませー！
アウトドア&バラエティーグッズ売り場担当
星空《ほしぞら》美鈴《みすず》（24）入社3年目
「ジャングルマート」は国内に数十店舗を展開する大手総合雑貨ディスカウントチェーン
新宿店はその中でも5本の指に入る旗艦店である

だが――
ドン
すいません
……
もういいよっ
行こ！
昨今の消費の低迷や
近隣の大型小売店の
出店ラッシュに伴い
売上はかつての
半分近くまで
落ち込んでいた
……

6月
あ、あの……
ぽつーーん
お客様 何かお探しですか?
あっ
あの……トイレどこかな?
!
お手洗いですね こちらの壁沿いを進んでいただいて
突き当たりを右でございます
化粧室
ありがとう!

助かったよ 星空さん
星空さん…？ なんで名前…
あっ
星空 美鈴
趣味：アイドルのライブ！
ジャングルマート 新宿店６階 オフィスフロア
ええ ですから ここ数年
ジャングルマート 新宿店 店長 東條正和《とうじょうまさかず》（35）
大衆の消費マインドの冷え込みや大規模再開発による競合店の出店ラッシュが……
ジャングルマート 社長 高坂晴信《こうさかはるのぶ》（54）

補充補充……お徳用クラッカーの在庫は……っと
そういう報告書に書かれているような言い訳が聞きたいわけじゃないんだよ 私は
?
チラ
ははい しかし… その……
あれウチの会社の社長だよね……店長どうしたんだろ……確かにここ最近新宿店の売上は右肩下がりだけど……
まさか店長クビ!?
それとも新宿店が閉店!?
営業の様子少し見させてもらったよ
社員もバイトもこの店はバラバラじゃないか
は……!? バラバラですか?

働く人間の意欲 向上心
そういったものが
感じられない
何のために働いているのか
考えてもいない
皆 漫然と仕事を
こなしているだけだ
気持ちが……
フィロソフィが
感じられない
これでは
業績回復など
望めんよ
でですが社長
我が新宿店も
対策を怠っている
わけではなく
……っ
実はね
東條くん
この新宿店を立て直す
とっておきの助っ人を
呼んである
入りたまえ
小泉《こいずみ》くん
えっ!?

はい
パチン☆
紹介しよう
彼は小泉琢磨《こいずみたくま》くん ここ数年で急成長した スーパーマーケットチェーン 「ボンマルシェ」上野店の 店長をしていた男だ
ボンマルシェ！ テレビや雑誌でも 取り上げられる 小売業界の風雲児と 話題の あの……！
小泉くんは今回 私のたっての希望で ヘッドハンティングに 応じてくれた
小泉です よろしく お願いします

と…いうことは……私…は…クビということですか……?
東條くんは店長続投だ
小泉くんにはスーパーバイザーとして新宿店に試験的に「ある経営手法」の導入を主導してもらう
ある経営手法?
ボンマルシェを急成長させたメソッドをこの店にもというわけだ
その説明をする前に……
スッ
そこのお嬢さんにもせっかくだから入ってもらいましょうか
ビクッ

ばちっ
あっ
深刻な話が
聞こえたので
つい……
なっ……
店のことを
自分のことのように
気にかけるというのは
悪いことじゃない
何やってるんだ
星空くん
サー
さすが社長
経営者意識を持つ
ということですね
では改めて
私がこの店舗に
導入するのは
ズバリ
『アメーバ経営』です

アメーバ？
アメーバ……って あのウニョウニョした 生物の時間に 習ったアレ？
そう アレ
ガラ
ガラ
『アメーバ経営』とは 京セラの創業者 稲盛和夫《いなもりかずお》さんが考案した 経営手法だ
君たち新宿店の スタッフには アメーバに なってもらいたい
！
京セラは知ってます 携帯とか複写機とか 太陽光発電とか
そうその京セラ 1959年に ※京都セラミック 株式会社を 設立した稲盛さんは 社長として会社を 経営していく中で 『アメーバ経営』を 考案したんだ 以来50年以上 一度も赤字なし
50年以上も！ すごい！

※後の京セラ株式会社

※京セラミタは2012年に京セラドキュメントソリューションズ株式会社へ社名変更

すごいのは
分かりましたけど
肝心の中身は？
アメーバ経営には
『3つの目的』が
あります
キュポン
全員参加経営の
実現
経営者意識を持った
人材の育成
マーケットに直結した
部門別採算制度の確立
・全員参加の
・経営者意
・マーケットに
キュッ
キュキュッ
部門別採算制度というのは
会社全体で会計を考える
だけではなく
各部門が独立して
黒字 赤字といった
採算責任を負い
利益を追求する
ということ
メーバ
キュ
この小集団を
「アメーバ」と
呼びます

A部門
B部門
C部門
ウチは黒字!
ちょっと黒字
赤字だ……
アメーバ
ああ!だから『アメーバ経営』!
採算が見えやすくなることで経営者意識を持った人材が育ちやすくなり
フム
結果的に全員参加経営が実現できる
つまり……

全員参加経営の実現
経営者意識を持
一人ひとりの社員が主役になる
それがアメーバ経営なんだ！
もちろん その実現のためには やらなければ いけないことは たくさんある
わー

フィロソフィを従業員に浸透させるのはもちろんアメーバをどう編成するかから始まってアメーバリーダーを任命し時間当り採算表を作成し月次予定を立て売上最大経費最小を目指し年間を通じてのマスタープランを作成し予実管理を……
ずしっ
あの……
そんなにいっぺんに言われても覚えきれないっていうか……
大丈夫
俺が責任を持って一つ一つたたき込んでいくから君も今日から主役の一人だ
よろしく!
は
はい

第1章 解説

# 「アメーバ経営」ってなんだ？

## なぜ「アメーバ経営」を学ぶのか

「アメーバ経営」とは、「経営」と名の付く通り企業経営に関する手法です。というと、「経営者じゃない自分には関係ないか」と思ってしまう人がいるかもしれませんが、ちょっと待ってください。「アメーバ経営」を導入することで、会社に、そして社員にとってどんな変化が起きるのか――。それを知ることは、経営者はもちろん、一社員のあなたや、まだ学生のあなたにとっても、これからの「働き方」を考えるうえで必ず役に立ちます。

「アメーバ経営」では、社員一人ひとりが仕事や事業をどのように行うのかを自分で考えて決めることができます。そこでは、目標を達成する喜びや、仲間との一体感を感じることができますし、「何のために働くのか」という仕事の目的を考えることもできます。「アメーバ経営」を知り、その手法を働き方に生かすことで、格好よく言えば、経営や仕事はどうあるべきかを考え、人生をより豊かなものにすることができるのです。

さらに、アメーバ経営は国内外の会計学や経営学の研究者が注目している経営手法です。話題の経営手法を学ぶという点でもとても意味があります。

## アメーバ経営の考案者稲盛和夫さんとは？

「アメーバ経営」を考案した稲盛和夫さんとはどのような人物なのでしょうか。

稲盛さんは1932年、鹿児島の生まれです。1959年に知人の出資を得て京セラ株式会社を創業し、日本を代表する企業に成長させました。さらに、1984年に立ち上げた第二電電株式会社という会社を他の大手通信会社と合併させ、auブランドで有名なKDDIを設立しました。これだけでも大変な実績ですが、2010年には

**アメーバ経営とは**

業種、企業規模を問わず、広くさまざまな分野の企業で導入され、実績を上げている経営手法

国内外の会計学や経営学の研究者が研究を進め、会計士試験にも取り上げられている注目の経営手法

アメーバ経営を通して、働き方、生き方を考えることで、金銭面だけでなく人生をより豊かなものにできる

政府の要請を受けて、経営破たんした日本航空（ＪＡＬ）の会長に就任し、わずか2年8カ月という短期間で再上場を果たしました。

また、私財を投じて稲盛財団を設立し、人類社会の進歩発展に功績のあった人たちをたたえる「京都賞」を創設しました。ほかにも、約1万人もの若い経営者が集まる経営塾「盛和塾」の塾長として、ボランティアで後進の育成に心血を注いでいます。

素晴らしい経営手腕と社会貢献とその人格から、日本を代表する名経営者として国内外で注目を集めています。

## 「アメーバ」＝「独立採算の小集団」

そもそも「アメーバ経営」とはどのようなものなのでしょうか。その最大の特徴は、会社組織を「アメーバ」と呼ばれる独立採算の小集団組織に分け、それぞれのリーダー（アメーバリーダーと呼びます）が経営者のようにアメーバの経営を行うことです。そして、アメーバリーダーを中心にしてすべてのメンバーが経営に参加し、全員で部門の採算を高めるよう努力していきます。

アメーバ経営が機能して、すべての従業員が持てる能力を発揮できれば、その効果は絶大です。第2章以降で、美鈴の活躍を通してアメーバ経営の背景にある大切な考え方や実践のポイントを詳しく解説していきます。

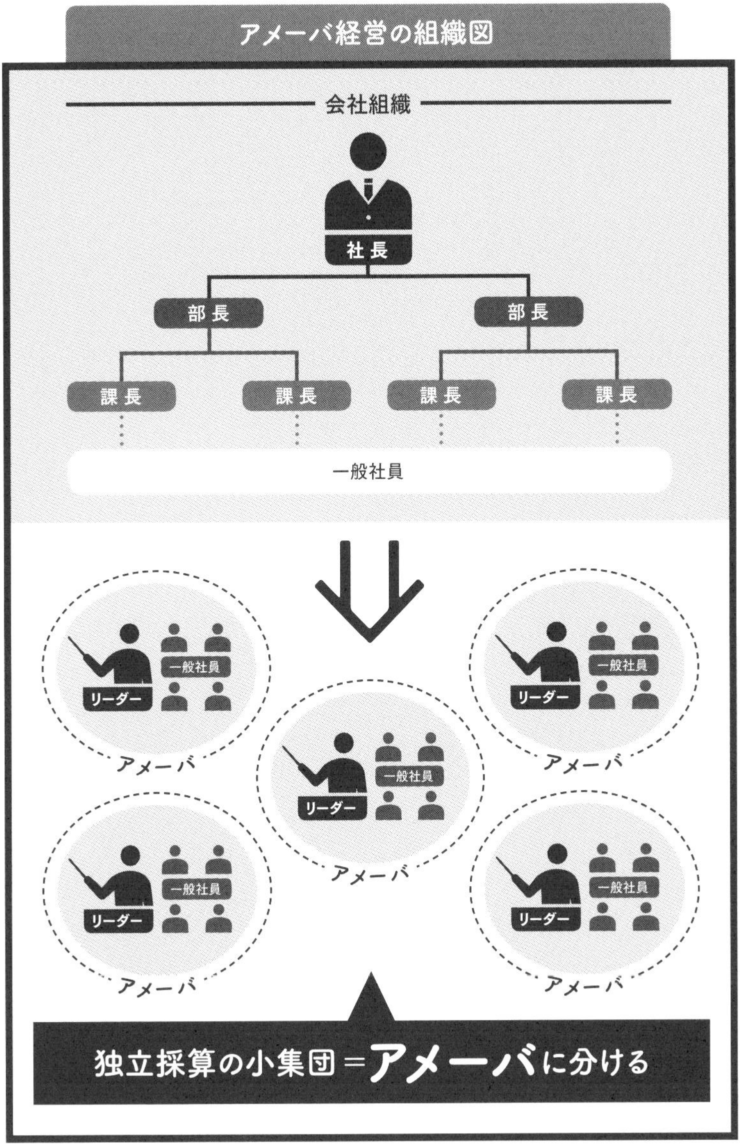
アメーバ経営の組織図
会社組織
社長
部長
部長
課長
課長
課長
課長
一般社員
リーダー
一般社員
アメーバ
独立採算の小集団＝アメーバに分ける

## アメーバ経営の3つの目的

かつて20代で京セラを創業した稲盛さんは、会社設立3年目に経営の目的を「全従業員の物心両面の幸福《しあわせ》を追求すると同時に、人類、社会の進歩発展に貢献すること。」という経営理念にまとめました。この経営理念と自身の経営哲学を実現するために生み出したのが「アメーバ経営」です。アメーバ経営には3つの目的があります。

**「全員参加経営の実現」**

アメーバ経営では、アメーバごとに経営にかかわる数字がリアルタイムにオープンにされます。アメーバの経営目標を達成しようと、全社員が当事者意識を持って経営に参加していきます。

**「経営者意識を持つ人材の育成」**

アメーバリーダーは、「時間当り採算表」と呼ばれる家計簿のようにシンプルな収支計算表を用いてアメーバを経営していきます。計画づくりや労務管理などの経営全般を任されることで、経営者としての自覚を持ち、日々経験を積み重ねて成長していくのです。

### 「マーケットに直結した部門別採算制度の確立」

アメーバは、独立採算組織として、マーケットプライス（市場価格）を基にした「社内売買」を行います。このことで、顧客と直接やりとりすることがないアメーバの社員にも顧客が求める価格や品質などの情報が伝えられ、市場価格が下がった場合などには即座に対応することができるようになります。

## 一人ひとりの社員が主役になる

以上の目的を達成することにより、従業員は

**アメーバ経営の3つの目的**

| |
|---|
| 全員参加経営の実現 |
| 経営者意識を持つ人材の育成 |
| マーケットに直結した部門別採算制度の確立 |

言われたことを言われた通りにこなすような働き方ではなく、アメーバの目標達成に向けて自ら考え、主体的に行動するようになります。やる気、向上心が引き出され、「一人ひとりの社員が主役」となって働くことができ、その結果として、個人も会社もさらに成長することができるのです。

「アメーバ経営」は、社員全員の人間としての可能性、いわば「人間の力」を信じることで、会社の業績を伸ばし、その結果として社員全員の幸福《しあわせ》を実現する経営手法なのです。

## 「売上を最大に、経費を最小に」

稲盛さんの経営の原理原則に「売上を最大に、経費を最小に」というものがあります。一見、シンプルで当たり前のように思えますが、これこそが経営の本質です。

世間の企業の多くは「我々の業界の利益率はこの程度だ」「売上を増やそうと思えば経費も増える」という固定観念の下で経営しています。しかし、実際には創意工夫と努力次第で売上はいくらでも増やすことができますし、経費も減らしていくことができます。その結果として、利益を増やしていくことができるのです。

アメーバ経営を導入することで、この「売上を最大に、経費を最小に」という原則にすべての社員が取り組めるようになるのです。

## アメーバ経営の導入実績

かつては門外不出とされていたアメーバ経営は、現在では数多くの出版物で考え方やノウハウが紹介されています。また、京セラのグループ会社である「京セラコミュニケーションシステム株式会社」（ＫＣＣＳ）がアメーバ経営の導入コンサルティングを行っており、２０１７年現在７００社を超える企業が指導を受けて成果を上げています。

## 短期間で成功させたＪＡＬの再建

特に、２０１０年に経営破たんしたＪＡＬを、稲盛さん自らが会長に就任し、わずか2年8カ月で再上場させたことは大きなニュースになりました。この際にも、稲盛さんの経営哲学とアメーバ経営が大きな力を発揮しました。現在では、ＪＡＬは世界屈指の高収益を誇るエアラインとして成長を続けています。

## さまざまな業種に広がる「アメーバ経営」

メーカーである京セラの経営管理手法として考案されたアメーバ経営は、現在では製造業だけでなく、旅客運輸、通信、小売業、サービス業、飲食チェーンなどのほか、病院・介護などの医療関係まで、業種を問わず、また企業規模を問わず、広くさまざまな分野の企業で導入されています。

さらに、現在では日本のみならず、中国をはじめとする海外企業にも導入が進んでいます。

## 学術分野でも注目される経営手法

「アメーバ経営」を学術的に研究する動きも活発です。産学連携機関として設立された「アメーバ経営学術研究会」には、日本を代表する経営学・会計学の研究者が参加しています。研究成果は、論文や学術書、シンポジウムなどの形で発表され、国際的にも高い評価を得ています。また、公認会計士の試験でもアメーバ経営に関する問題が出題されるなど、一企業の経営手法を超えた広がりを見せています。

さらには、稲盛さんの経営哲学の研究も活発です。立命館大学が「稲盛経営哲学研究センター」を設立して、第5章で紹介するフィロソフィを哲学・心理学・経営学など多様な視点から研究しています。

# 第2章 ▶▶▶

# マーケットに直結した部門別採算制度

慣れないアメーバ経営に戸惑う美鈴たち。
がんばりが報われないと悩む美鈴に対し、
小泉はあるアドバイスを。

翌日
月曜午前8時
おはよー
ジャングルマート
新宿店7階
会議室
ふぁー
なんで今日に限って
いつもより30分も
早いんだ？
なんでもウチの経営を
立て直しに
スーパーバイザー
ってのが来るらしい
へー
美人の女上司
だったら
いいな
おいおい…
お前中学生じゃ
あるまいし…

ざわ
ざわ
よしみんな
そろってるな
はじめまして
高坂社長の命を
受けましてこのたび
新宿店のスーパーバイザーに
就任しました小泉琢磨です
ざわ
ざわ
早速ですが
私はこの新宿店に
『アメーバ経営』を
導入するために来ました
アメーバ？
何それ？

街の小さな家族経営の商店を例にとって説明します
小泉商店
そのお店では肉魚野菜さらに生鮮以外の加工食品なんかを扱っています
会計はいわゆるどんぶり勘定
売上をすべて一つのザルに入れていって一日の最後にザルをひっくり返して売上を計算しておしまい
これではどの部門がどれだけ売れたかどの部門が店を支えていてどの部門が足を引っ張っているのかが分かりません
そこで店主はザルを4つに分けました
肉
魚
野菜
加工食品
こうすることでそれぞれの部門の一日の売上が見えてくる
さらに仕入れの伝票を元に各々の部門の仕入れにかかった経費を差し引けば各部門の一日の粗利が明らかになる
一番儲かっているのは野菜だと思っていたけど実は魚の方が儲けが出ていたなんてことが分かる

儲かっているものはもっと重点的に仕入れて売っていけばいいし儲けが少ないものはどう売ればいいかを考えるようになる
野菜の売れ残りをカットして売ったりお惣菜にしたり
そしてもう一つ
例えば野菜担当を長男魚担当を次男というふうに担当者を決めるんです
野菜
長男
魚
次男
三男
肉
四男
加工食品
すると若いリーダーには創意工夫して自分の担当部門をいかに売るかという経営者意識が生まれてくる
この考え方がアメーバ経営の基本です
ここで大事なことはどの部門が儲かっているのかを日々計算していくことです
売上を細かく可視化することにより日々の売場づくりにダイナミックに直結させることができる
そんなのウチでもやってたけど

そしてその数字は全社員が見られるようにする
えっ
数字を隠したいのは経営陣が不都合を隠したいということだ
それいいんですか？細かい売上数字は売り場責任者までしか見られなかったのに
だが一人ひとりの社員が主役であるアメーバ経営ではそれは許されない
ギク
逆に言えば数字を公開することは社員の皆さんを信じ期待するということです
数字をガラス張りにすることにより会社の利益が他人事ではなくなり責任を感じることができるまた部門ごとに競争意識も芽生えるでしょう

漫然と毎日の営業時間をこなしていた日々からいかに利益を上げて会社に貢献するかを考える日々へ
皆さんの仕事が今日から劇的に変わります！
昨日に引き続き今日も熱いな…
どうぞ
手始めにこれが私が準備した先月の各売り場の部門別採算表です
こちらを読んで各自の売り場がどれだけの売上を上げているかどれだけの経費を使っているか確認してください

**部門別採算表**
アウトドア＆バラエティー部門

| | | | |
|---|---|---|---|
| 売上高 | 6,114,925 | 採用活動費 | 0 |
| 売上原価 | 2,184,974 | 会議費 | 0 |
| 売上総利益 | 3,929,951 | 雑費 | 348,466 |
| 支払加工料 | 50,250 | 減価償却費 | 191,491 |
| 総収益 | 3,879,701 | その他経費 | 161,213 |
| 経費合計 | 1,881,717 | 差引収益 | 1,997,984 |
| 旅費交通費 | 6,520 | 総時間 | 980 |
| 広告宣伝費 | 327,695 | 正社員定時間 | 542 |
| 通信費 | 28,025 | 正社員残業時間 | 20 |
| 接待交際費 | 0 | 非正社員定時間 | 414 |
| 修繕費 | 42,113 | 非正社員残業時間 | 4 |
| 水道光熱費 | 84,548 | 当月時間当り | 2,039 |
| 消耗品費 | 78,147 | 一人当り売上高 | 873,561 |
| 荷造運賃 | 6,500 | 正社員人員 | 3 |
| 事務用品費 | 12,055 | 非正社員 | 4 |
| 賃借料 | 591,792 | 総人員 | 7 |
| 新聞図書費 | 3,152 | 時間当り売上高 | 6,240 |

ひとまず既存の7セクションをそのまま各アメーバに見立てています
電＆ＡＶ
リア＆雑貨
＆リカー
＆ウォッチ
ョン＆スポ
用品
ア＆バラエティー
これは会計数字が出しやすいという理由で分けましたが今後アメーバの構成は少しずつ現状に適した形に変えていきます
パラ
パラ
うわっ ウチの売上低すぎ……？
君は……家電＆ＡＶか
インバウンド需要も一巡した今 家電量販店激戦区の新宿では売り方を考え直す必要があるだろうな
今まで通り商品を並べておけば売れるなんて考えじゃすぐに赤字転落だぞ
ちょっと……
みんなの前で一つの部門を攻撃するのはどうかと思うんですけど
落ち込んでる分はほかの売り場がカバーするのが組織ってもんじゃないんですか？
君がそう思ってがんばるのは構わない
だがアメーバ経営においてはすべてのアメーバは独立採算自分たちがいかに利益を増やすかを常に考えなければいけないんだ

それは……そうかもしれないけど
ちなみに君はアウトドア&バラエティーだね
君の部門は現状売上最下位だ
魚
肉
加工食品
ででもフードや日用品に比べてウチは生活必需品じゃないからどうしても……
大事なのは言い訳じゃない自分の状況をきちんと自覚することだ
そのうえでどう売っていくか社員一人ひとりが考えていく
それがアメーバ経営の始まりなんだ
そしてもう一つ
どうぞ
忘れちゃいけないのが『フィロソフィ』です
フィロソフィ参考資料

今配ったものはアメーバ経営の考案者 稲盛和夫さんがつくった京セラの経営理念とフィロソフィです
京セラ経営理念
全従業員の物心両面の幸福を追求すると同時に、人類、社会の進歩発展に貢献すること。
稲盛さんが京セラを経営していく中でさまざまな困難を乗り越えながら仕事について 人生について自問自答を続け 実践を通して得た人生哲学であり 経営哲学
それが「京セラフィロソフィ」です
とはいえ難しいことではありません
嘘をつくな 正直であれ 人をだましてはいけない 欲張るな といった
誰もが親から教わったり小学校で習ったような当たり前の価値観がほとんどでしょう

ここに書かれた「人間として正しいと思う生きざま」を実践していけば一人ひとりの人生も幸福になり会社全体も繁栄する
これが稲盛さんの考え方です
そしてこれらはアメーバ経営を導入するに当たって皆さんの行動の指針にもなります
アメーバ経営とフィロソフィは車の両輪と言われています皆さんよく読んで心に刻みつけておくように
ふーん
さー 今話題のブラブラモンスターズのパジャマはいかがですかー
おい

ほらもっと元気に声出せ 星空
アウトドア&バラエティーグッズ売り場責任者 園田《そのだ》博文《ひろふみ》(27) 入社6年目
タタタッ
園田さん どう思います?
例のスーパーバイザー
あの自信過剰ぶり 正直うさんくさい感じがしませんか?
…んー
俺は別に嫌いじゃないけど 部門別採算だっけ 結局は会社の上の人間が現場を管理するために取り入れたいってことだろ
でも
売り場がいくら頑張って声を出したってそれで劇的に売上が変わったら苦労はないですよね
アウトドア&バラエティー売り場 西野《にしの》太一《たいち》(22) 新入社員

それに
自分の売り場……アメーバだっけ？その売上が増えて利益が上がっても給料が増えたりするわけじゃないんだろ？
でもいきなり来た人にズケズケ言われて正直悔しい気もするんですよねー
結果出して見返してやろうか！とか
俺はどっちでもいいよ ま無理しない程度に頑張れ
ですよね～

翌日
それでは昨日一日の収支をまとめたものを配布します
どれどれ
先週の同曜日と比べて伸びていたのはフード&リカー 日用品 ブランド&ウォッチ
残る４つのアメーバは売上減だった
各スタッフは仕事内容を再点検しなぜ伸びたか逆になぜ落ち込んだか分析し対策を考えるように
以上
ガヤ
ガヤ
ガヤ
ガヤ
私昨日もがんばって働いたのになぁ……

そのがんばり方が少しズレていたのかもしれない
声出しだけなら今日入ったばかりのバイトさんだってできる
君には君にしかできない現場で得た経験を生かしたがんばり方があるんじゃないか？
私にしかできない……
君には何ができる？
……一応ポップなら描けますけど
ならそこから始めてみようほかには？売り場をどう変えたらもっとお客様にアピールできる？
もっと……
君だけじゃないほかのメンバーだって現場らしい知恵を持っているはずだそれを出し合ってみるのもいい
そうかブラモンもあんな上の方じゃなくてもっと手に取りやすいお客さんが体に当てて見てもらえるような場所に大々的に……
その調子だ現場の一人ひとりが売上のため会社のためにできることを探して実行するそれがアメーバ経営の基本であり目的だ
……

大入気!
くん
ボクになろうぜ
ルームウェア
でモテ女!
1週間後
それではこの1週間の採算表を配布します
先週1週間の収支も合わせて記載してあるのでこれも参考にしてください

よっしゃ
…おお
さて
1週間が経ったところでこの採算表の見方をもう少し詳しく解説したい
表の右下『時間当り』とあるのが分かりますか?
時間当り
これは『時間当り付加価値』の略です
その日あるいはその週その月のアメーバの総売上から経費を引いて求めた付加価値の全額をそのアメーバメンバー全員の総労働時間で割ったもの
つまり一人ひとりが一時間にいくらの付加価値を上げたかという指標です例えば時間当り3000円であれば時給1000円を人件費として支払っても2000円が残る計算になる
あれ?
どうした?

売上は上がったのに時間当りが変わってない……
星空くん
君この1週間残業が多かっただろう
君だけじゃないアメーバメンバーも上がり時間になっても途中の仕事はやり終えてからと声掛けをしていたね
はい！自分たちの売り場のために必死でがんばりました
がんばるのはいいがそれで総労働時間が増えたために結局時間当りは変わらずという結果になってしまったんだ
そんな……
それに売場づくりに使った資材も当然経費として計上されるこれじゃ少しくらい売上が増えたところで時間当りは改善しない
いろんな資材たち
アメーバ経営のポイントはこうやって数字が分かりやすく即座に周知されるところにある
次の1週間は『どうやったら経費を削減できるか』をぜひアメーバ内で話し合ってみてほしい
STAFF ONLY
その日の昼休憩

確かに今 バイトさんも社員も 残業が常態化しちゃってますよね 私 それがお店のため なんだって思ってやってきましたけど……
ズー
ぶっちゃけそれが店長の方針でもあったしな
でももっと業務を効率化して引き継ぎも的確に終われれば アメーバ内の総労働時間は減って時間当りは改善するはずなんですよね
それしかないよなぁ 棚づくりに使う什器《じゅうき》は減らせないし 照明暗くするわけにもいかないし
あとはウチらの営業に一番かかってる経費といったら 商品の仕入れ代金かぁ
それって本社の商品部が決めた商品を商品部のバイヤーが買い付けて各店に卸してるわけだから削減のしようがないんだよな
正直 こんなの どう売れば っていう商品も ありますもんねー
ギッ
これ 半分でいいよとか 逆にこっちは 倍ちょうだい! みたいな
あー
げぷ
それ 本社の商品部に直接言ってみたら?
ヒョイ
あ

パクッ
あー!
もぐ
もぐ
アメーバ経営のいいところは大企業病に陥ることなく現場の意見を経営に取り入れていきやすいところでもある
あああああ
サンドイッチさん…
グスーン…
俺が口をきいてやるから商品部と交渉してみればいい

ブロロロ
…

7月
さて私がこの店に来て今日で1カ月が経ちました
ざわ
ざわ
今日は2回目の月間収支の発表です
この1カ月皆さんにはアメーバ経営を少しずつ理解してもらいその利点を生かして業務につなげていただきましたその成果は数字に確実に現れています
すべての部門で前年同月比プラスとなりました!
ざわっ
中でも時間当り採算を最も伸ばしたアメーバは……
アウトドア&バラエティー部門!
うそっ?
やった!

売上の1位は変わらずフード&リカー部門ですがアウトドア&バラエティー部門は前年同月比で10%の伸びを記録しました
これは現場で働くアメーバメンバーが創意工夫をしてくれたおかげです
皆も大いに見習い奮起するように!
以上!
ぞろ
ぞろ
今まで与えられた仕事をこなすだけで「自分の仕事」をほめられたことってなかった気がする……
うれしい!

第2章
解説

# マーケットに直結した部門別採算制度

## 一人ひとりが主体的に働く

上からの指示でのみ行動し、自分の頭では考えない――。そんな仕事は楽しいものではありません。そうなってしまう理由はいろいろあるのでしょうが、一つには社員一人ひとりが本当の意味で使命感や責任感を持てるような経営の仕組みがない、ということが考えられます。「責任を持って行動するように」という言葉だけでは人は変わりません。そこでアメーバ経営の部門別採算制度が力を発揮します。これは、すべての社員が主体的に働けるようにするための仕組みなのです。

## 「ビジネスを分ける」

部門別採算制度とはどのようなものでしょうか？　これを家族だけで肉、野菜、魚、加工食品を扱っている小さな商店を例に説明します。

そのお店が、売上代金を1つのザルにまとめて入れていて、1日の営業が終わったらザルのお金を数えて売上を集計しているとしましょう。このようなやり方では、どの品種でいくらの売上が上がっているのか、何が儲かり、何が損をしているのかが分かりません。そこで、肉、野菜、魚、加工食品ごとにザルを用意して、売上代金を分けるのです。仕入れの伝票もザルごとに分けておけば、それぞれの売上と経費、利益が分かるようになります。これなら、儲かるものには一層力を入れて販売しようとか、あまり儲からないものはどうすればよくなるかなどと考えて、商売を繁盛させていくことができます。これが部門別採算の考え方です。

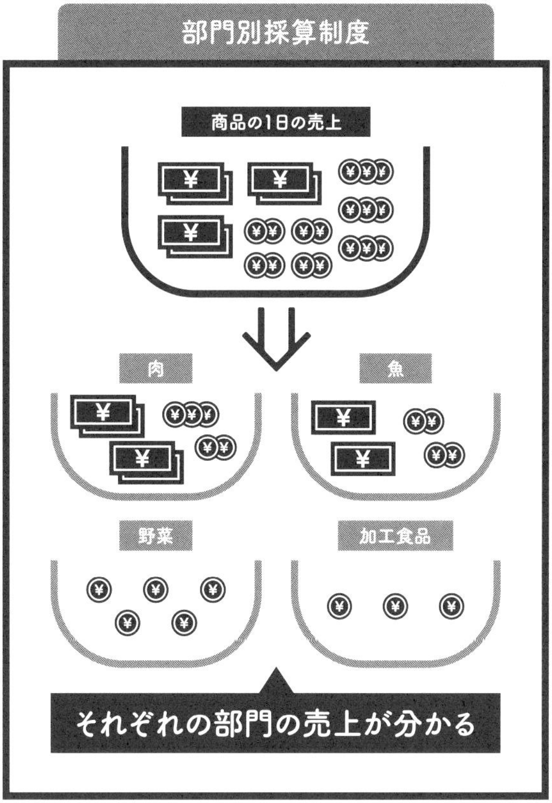
部門別採算制度
商品の1日の売上
肉
魚
野菜
加工食品
それぞれの部門の売上が分かる

## 部門ごとの採算を可視化（ガラス張りの経営）

近年では、多くの企業が何らかの形で部門別採算を行っています。しかし、数字はあまりオープンにせず、管理者だけが見ていることが一般的なようです。

これに対してアメーバ経営は、部門別採算の数字を社員一人ひとりにまでオープンにします。このようにするのは、すべての社員に経営に参加してもらうためです。

小さな部門の実績が細かく数字で把握できることで、社員は自分の働いている部門でどのようにして利益が生み出されているのかが実感できます。さらに、どうすれば売上が増やせるのか、また経費が減らせるのか考えることができるようになります。そうすることで、社員一人ひとりが業績をよくしていくために、経営者のような意識で対策を考えられるようになるのです。

**ガラス張りの経営**

**経営にかかわる数字を一人ひとりにまでオープン**

⇓

**社員一人ひとりが**
**経営者のような意識で考えられるように**

## 日々売上が分かる

また、売上や主要な経費は1カ月単位ではなく毎日確認します。1カ月が過ぎてから結果を確認しているようでは、必要な対策を取ることが遅れて、採算を向上させることができないからです。毎日、自分たちの収支がリアルタイムの数字として分かることで、自分が会社の収支にどう影響を与えているのかを確認でき、もし順調にいっていなければ、すぐに対策を取ることができるようになるのです。

## 時間当り採算表

小さな部門であっても、経営をしていこうとすれば会計の知識が必要となります。しかし、すべて

| 部門別採算表<br>アウトドア＆バラエティー部門 | | | |
|---|---|---|---|
| 売上高 | 6,114,925 | 採用活動費 | 0 |
| 売上原価 | 2,184,974 | 会議費 | 0 |
| 売上総利益 | 3,929,951 | 雑費 | 348,466 |
| 支払加工料 | 50,250 | 減価償却費 | 191,491 |
| 総収益 | 3,879,701 | その他経費 | 161,213 |
| 経費合計 | 1,881,717 | 差引収益 | 1,997,984 |
| 旅費交通費 | 6,520 | 総時間 | 980 |
| 広告宣伝費 | 327,695 | 正社員定時間 | 542 |
| 通信費 | 28,025 | 正社員残業時間 | 20 |
| 接待交際費 | 0 | 非正社員定時間 | 414 |
| 修繕費 | 42,113 | 非正社員残業時間 | 4 |
| 水道光熱費 | 84,548 | 当月時間当り | 2,039 |
| 消耗品費 | 78,147 | 一人当り売上高 | 873,561 |
| 荷造運賃 | 6,500 | 正社員人員 | 3 |
| 事務用品費 | 12,055 | 非正社員 | 4 |
| 賃借料 | 591,792 | 総人員 | 7 |
| 新聞図書費 | 3,152 | 時間当り売上高 | 6,240 |

マンガのページで出てきたジャングルマートの時間当り採算表の例

のアメーバリーダーが複雑な企業会計を学ぶのは大変です。そこでアメーバ経営では、家計簿のようにシンプルな「時間当り採算表」という収支計算表を使います。

アメーバリーダーは家計簿を見るのと同じように、この採算表を見て売上を上げ、経費を減らす方法を考えます。その結果として利益を増やしていくのです。月の初めに1カ月の採算予定を立て、その達成に向けてメンバーと一緒に毎日の業務に臨みます。

経営トップもアメーバリーダーも時間当り採算表を中心に経営を行うので、立場は違っても同じ目標を共有して経営を行うことができます。

## 時間当り採算（時間当り）

時間当り採算表では、「時間当り採算（時間当り）」という指標を使います。これは、売り上げたお金から使ったお金を引いて求めた金額を、アメーバのメンバー全員の働いた総時間

**時間当り採算の計算**

$$\frac{\text{（売上－経費）}}{\text{アメーバの全メンバーの総労働時間}} = \text{時間当り採算}$$

**時間当り採算**（アメーバが1時間当りで上げた付加価値）

で割ったものです。アメーバが1時間当りいくら儲けているのか、いくらの付加価値を上げたのかを表す数値で、アメーバの人数規模にかかわらず各アメーバの採算を公平に評価することができます。

この指標があることで、自然にアメーバ間で競争意識が芽生え、一人ひとりの採算意識が高まります。なお、ここでは人件費は経費に含めません。

時間当り採算を向上させるには、「売上を増やす」「経費を減らす」「時間を減らす」という3つの取り組みを行えばよいのです。これは経営の原理原則「売上を最大に、経費を最小に」を実践することであり、同時に時間効率を高めることでもあります。採算向上の取り組みは、長時間労働の是正にも役立つのです。

時間当り採算は明快で分かりやすい指標なので、社員一人ひとりが自部門の目標を把握し、その達成に向けてそれぞれの立場で努力することができるようになります。

## マーケットに直結した部門別採算

どのようなビジネスであっても、商品やサービスの販売価格や仕様は市場での自由競争の中で決まっていきます。例えば小売業では、顧客に受け入れてもらえない高い値決めをしてしまうと、売れ残りが発生してしまいます。採算を高めていこうとすれば、マーケットプライス（市場価格）を意識して、そのうえで仕入れ価格や販促費などの経費を考えていかなければなりません。

アメーバ経営では、現場の社員一人ひとりに市場価格など市場の要望がダイレクトに伝えられます。直接顧客に接することがない部門の社員であっても、後述する「社内売買」やその応用版である「社内協力対価」という仕組みによって、市場価格を意識することができるのです。

## 「全員参加経営」へ

アメーバ経営では、組織を例えば5～10人といった小さな独立採算のアメーバに分けて、毎日、経営にかかわる数字を発表していきます。そうすると、すべてのメンバーが、自分の日々の活動が自分のアメーバの業績にどのように役立っているかを実感でき、「アメーバの目標達成に貢献したい」と思えるようになります。美鈴も自分が所属する「アウトドア&バラエティーグッズ売り場」の実績を知ることで、売上を伸ばし、時間当りを高めようと奮闘しました。細分化した組織で経営にかかわる数字が共有されることで、一人ひとりが主役の「全員参加経営」につながっていくのです。

# 第3章 ▶▶▶

# 経営者意識を持つ人材の育成

アメーバのリーダーに抜てきされて張り切る美鈴だが、
その想いはメンバーに伝わらず空回り。
小泉と一緒にリーダーとは何かを考え始める。

――9月
アメーバ経営導入から3カ月が経過
店長から呼び出しって……私何か失敗しちゃったのかな……
ドキ
ドキ
ジャングルマート新宿店6階応接室
失礼しま～す……
遠慮せず入って
ストン
それであの……ご用件は……

君にアメーバリーダーを任せてみたい
え リーダー？
だってリーダーなら園田さんが
アメーバを分けるんだってさ
アウトドア&バラエティーで1つのアメーバだったのをアウトドア売り場とバラエティー売り場でそれぞれのアメーバに
そこで園田くんにはアウトドア売り場のリーダーを
星空さんにはバラエティー売り場のリーダーをお願いしたい
いいんですか？私なんかまだ3年目のペーペーですけど……

君にはリーダーの
素質があるよ
心配いらない
それにポストが人を育てる
リーダーになれば
それにふさわしい成長を
見せてくれるというのが
アメーバ経営の考え方なんだ
引き受けてくれるね
ご期待に沿えるか
分かりません
けど……
すでに何度も説明した通り
アメーバ経営とは
社内の各部門を
独立採算を担う少人数集団
つまり
アメーバに分ける
ことから始まる
個々のアメーバは
独立した一つの会社のように
自分のアメーバの利益を
増やすために
経営努力を行なう
いわば
アメーバリーダーとは
一人ひとりが
社長であるといえる
一人ひとりが社長！
アメーバA
アメーバB
アメーバC

つまり
君たちは店長とともに
この新宿店を経営する
共同経営者というわけだ
雇用主と労働者
という立場から
共同経営者としての立場に
変わる この考え方を
肝に銘じてほしい
また
大げさな……
リーダーとなった人間は
そのアメーバの採算に
責任を負わなければならない
部門別の採算表を駆使し
経営の舵取りを
任される
同時にリーダーは
同じ売り場の
メンバーである社員そして
アルバイトさんたちを束ね
指導する役目だ
これまで会社や上司や先輩に
「してもらう」立場だったのが
「してあげる」立場に変わる
部下のために何ができるかも
考えなければいけない
何ができるか
ねぇ……

今までなんとなくの
感覚でしか
把握してなかったけど
ウチの売り場の売上って
こうなってたんだ……
先月私が
言い出しっぺでやった
プラモンフィギュアフェアは
それなりの結果を出したけど
フィギュアはやっぱり
主力商材じゃない
コスプレ衣装は単価が
大きいけどそこまで数が出ない
意外に子ども向けおもちゃは
売れていない……
確かにウチの店 親子連れは
入りづらい雰囲気だもんなー
一番コンスタントに
売れてるのは
パーティーグッズ……
あとは隠れた人気なのが
プラモラジコン
パズル……
ぐるぐる
ポロ
あぁー
勉強すること
多すぎ！
だいたいなんでちょうど
今月から仕入れる商品と
個数の決定が
アメーバリーダー権限に
なったのよ！
ぐいー
新米リーダーには
荷が重いっての！
……

まぁ…… 本社の指示でしか棚がつくれないのは正直つまんないなーとは思ってたけどさ……
あーもうこうなったら
楽しんじゃうしかないか！
翌日 開店前 売り場別バイトミーティング
おはようございます
……
アメーバ経営については説明してたと思うけど
今回アメーバがさらに細かく再編されました
皆さんはアウトドア&バラエティー部門の中のバラエティー売り場というアメーバの所属になります
そしてアメーバリーダーは私 星空美鈴が務めます よろしくお願いします

それって仕事の内容に何か影響あるんですか?
?
えーとより専門的に担当を持つことによってバラエティー売り場のプロとして売上を増やすためにはどうしたらいいか今まで以上に活発に意見を…
とりあえず品出しとかレジとか接客とかは普通にやればいいんですよね?
えっと……
その辺はいつも通りで大丈夫ですよね星空さん?
そそうねそんな感じで
では今日もよろしくお願いします!
お願いします!
む難しい……
リーダーって何をしたらいいんだろう……

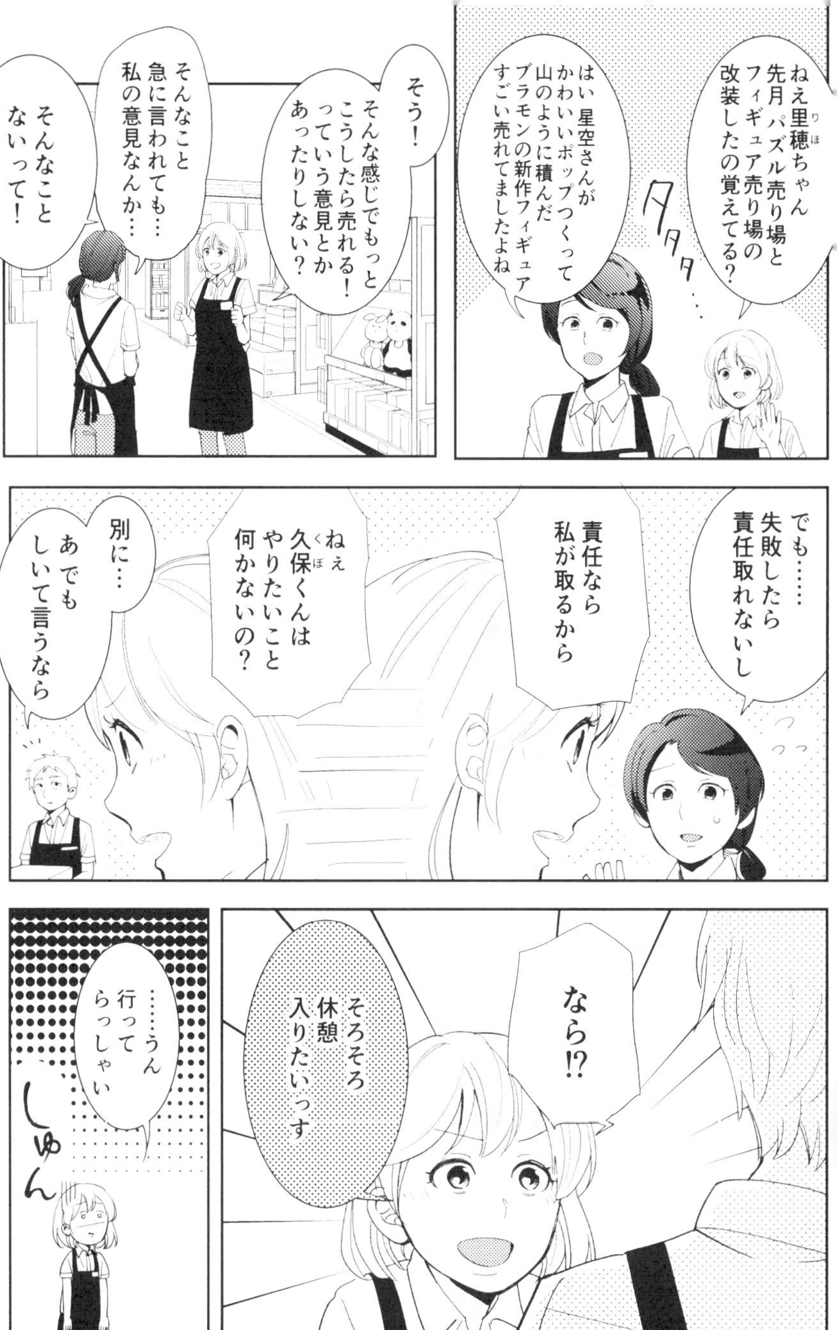
ねえ里穂《りほ》ちゃん 先月パズル売り場とフィギュア売り場の改装したの覚えてる？
タタタ…
はい 星空さんがかわいいポップつくって山のように積んだブラモンの新作フィギュアすごい売れてましたよね
そう！
そんな感じでもっとこうしたら売れる！っていう意見とかあったりしない？
そんなこと急に言われても私の意見なんか…
そんなことないって！
でも……失敗したら責任取れないし
責任なら私が取るから
ねえ 久保《くぼ》くんはやりたいこと何かないの？
別に… あでもしいて言うなら
なら!?
そろそろ休憩入りたいっす
……うん 行ってらっしゃい
しゅん

ズーー
部下のために何かするって具体的には何をしたらいいんでしょう?
そういや私園田さんに何かしてもらった覚えがないんですけど……
キッ
ベー
夢を与えてあげることかな
夢?
今自分が何を目的にがんばればいいかを指導してあげる達成することで喜びが得られるような夢や目標を与え仕事にやりがいを持たせる
そうしてすべてのメンバーに自分が仕事をすることで自分のアメーバの利益を増やすんだという当事者意識を浸透させるのがリーダーの役目なんだ
そんな夢とかやりがいとか私には荷が重いです……
なに難しく考えることはないまずはしっかり役割を振って「これが自分の仕事だ」って思ってもらえるところから始めたらいいんじゃないかな

私決めたの！ ウチの売り場を この新宿店イチ笑顔で 溢れる売り場に するって！
だって「バラエティー」だよ？ お客さんはどんな売り場よりも ウチの売り場には「楽しい」を 求めて来ているんです
ぽかーん
だから私たちが 率先して「楽しい」を 体で表現するの！
営業に直接影響が あってもなくても 構わない ウチのアメーバでは これから毎朝 笑顔の練習をします
はい ニコッ！
に……ニコ
その調子！ もう一度 ニコッ！
ニコッ！
……
ブフォ
「こうしたら売れる！」は 私が考えるから皆さんは 「こうしたら楽しい！」を 考えてください
売り場の装飾でも ポップでも新商品でも なんなら私たちの コスプレだっていい
日々働いていて 「こうだったら もっと楽しいな」 っていうアイデアを 出し合いましょう！

数日後
とはいったものの
やっぱり意見って出てこないですよねぇ
リーダーはお前なんだから販促のアイデアはお前が出さなくてどうする
でもバラエティー売り場のスタッフさん笑顔は出るようになってきたと思うよ
ホントですか？ありがとうございます！
ここからさらに腹を割って本音を引き出すには……
『コンパ』かな
何合コン？俺も呼べよ里穂ちゃんかわいいよな
里穂ちゃん
合コンじゃないアメーバ経営流の『コンパ』にはきちっとしたやり方があるんだ
またアメーバですか
そうまたアメーバだ

5日後
会議室
早番シフト終了後
それでは第1回
バラエティー売り場
コンパを開催します！
っていいんですか？
会社の中で
酒盛りなんか
しちゃって
これは酒盛り
じゃなくて
アメーバ経営流
『コンパ』
だからいいの
えー
本日の式次第は
ご覧の通りです
式次第
・リーダーあい
・乾杯
・歓談
・締めの言葉
えーそれでは
せんえつながら
私のあいさつから
私がリーダーになって
1週間ちょっと経ちました
売上自体は3カ月前から
少しずつ上向いてはいますが
私はまだまだ
満足していません

私が入社した2年半前の売上まで今年中に戻したいそれがリーダーになった私の責任だと思っています
具体的には今の売上から15%UP！
そのために皆さんの知恵を貸してもらいたいんです
今日はそのために皆で何ができるかざっくばらんに話し合えればと思ってます！
今日は我がアメーバの決起コンパということで！
それでは……乾杯！
乾杯！
アメーバ経営では一人ひとりの社員が主役だ

けどそれを本当に実現するにはリーダーとメンバー それにメンバー同士の信頼関係が重要になる そのために行なうのがコンパだ
コンパの場ではまずリーダーが自分の想い 夢をなるべく具体的な数字を交えてメンバーに伝える
そしてその実現のために協力してほしいと呼びかける
そのためにみんなは何ができるか腹を割って意見を出し合ってもらうんだ
前に聞いたときには急すぎて答えられなかったと思うけど……改めて売り場をこうしたいっていう改善案はない？
ぐいっ
あの……僕 実はジグソーパズルが昔から趣味で
そうなんだ！ 全然知らなかった！
それでずっと思ってたことがあるんです パズルをもっといろんな人にやってほしいって… それで思ったんですけど
僕が最初にハマったきっかけって小学生の時に親戚のおじさんに1000ピースパズルをプレゼントしてもらってからだったなって
だから

売り場のつくり方として自分がやるためのパズルってだけじゃなくて
大切な人に贈るプレゼント用パズルっていうのはどうだろうって
それいい！贈る相手に合わせて男の子女の子父の日母の日とか！
いいねいいね ほかには？誰か何かない？
あの 私も……
パズル
あのコンパ以来アメーバメンバーとの距離がグッと近づきました
おせわになったあの人に…
暑中見舞お中元に涼しげなパズルはいかがですか？

具体的な仕入れや
売り場づくりが
変わった
だけじゃなく
久保
趣味：一人遊び
西野 太一
趣味：ジグソーパズル
みんなの笑顔が
生き生き
輝き出した
気がします
お姉ちゃん
ありがとう♪
里穂
趣味：書道
どう
いたしまして
またね
里穂ちゃん
今日も
いい笑顔だね！
美鈴さんの
笑顔がお手本
ですから！
ありがと！よし！
みんな午後も
はりきっていこう！
はいっ！

第3章
解説

# 経営者意識を持つ人材の育成

## リーダーがぐんぐん育つ「アメーバ経営」

「ポストが人を育てる」という言葉があります。経験が十分でなくとも組織のために頑張っている人を抜てきすることで、実力が身についていく、ということです。実際に、そのような人事を行っている会社も多いことでしょう。アメーバ経営では、この考え方をアメーバ単位で実践します。現場のアメーバリーダーには、若くてもやる気があり組織に貢献しようと努力する人を登用していきます。「アメーバ」は、一つ一つが独立採算で利益を追い求める小さな「会社」そのものであり、そのリーダーは皆「経営者」といえる立場です。若くても部門の業績を伸ばしメンバーの成長を促すという役割が求められるので、ぐんぐん成長していくことができます。

## 「してもらう」立場から「してあげる」立場へ

リーダーの心構えには、アメーバ経営の考案者である稲盛さんの考え方がよく表れています。

アメーバリーダーには、言われたことをやればいいという意識ではなく、どのようにアメーバを経営していくのか自分で考え、またメンバーのためにも事業を成長させていくことが求められます。つまり、それまでメンバーとして上司や会社に「してもらう」立場だったのが、リーダーとしてメンバーに「してあげる」立場に変わる、ということです。

では、具体的にリーダーはどのようなことをすればよいのでしょうか。

一つは、部下が打ち込めるような仕事を用意することです。経営者が仕事を確保して社員の生活を守るように、アメーバリーダーは事業を伸ばして部下が安心して仕事に打ち込めるようにしていかなければなりません。

もう一つは、部下一人ひとりが仕

リーダーの心構えの変化

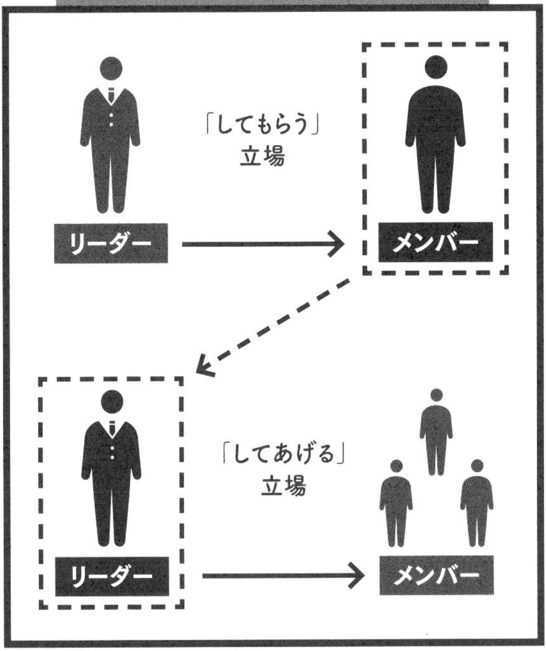
「してもらう」
立場
リーダー
メンバー
「してあげる」
立場
リーダー
メンバー

事にやりがいを感じ、さらに自身の成長を実感できるようにすることです。そのためには、仕事の意義を機会あるごとに話したり、目標を示して達成する体験を積めるようにすることが大切となります。

## 目的意識の浸透、目標の周知徹底

アメーバリーダーは、メンバー一人ひとりにアメーバの目標を周知徹底して、その達成に向けたそれぞれの役割を決めていきます。メンバー全員の力が目標達成に向かうようにすることが大切です。美鈴がメンバーの意見を引き出すためにいろいろと工夫していたようにです。

全員で目標を共有し、達成に向けてみんながアイデアを出しやすいようにしていくことが、アメーバ経営における大切なリーダーシップなのです。

## 時間当り採算表を駆使して経営する

アメーバリーダーには、メンバーのやる気を引き出すことに加え、第2章でも紹介した「時間当り採算表」を詳細に読み込むことも求められます。立てた予定に対して、実績はどうなったのかを採算表の科目一つずつ毎日振り返っていくのです。もし達成できていない項目があるなら、その原因を追求し、日々改善して「経営者」として経営していく必要があります。

## 部門ミーティングと朝礼

アメーバリーダーの設定した目標や思いをメンバーと共有し、仕事のベクトルを合わせていく場が「部門ミーティング」です。ここでアメーバリーダーは、目標をなるべく具体的な数字にしてメンバーに伝えます。次の第4章で説明する月次予定の共有もこの場で行います。さらにアメーバリーダーは、「みんなでこの予定を達成するぞ」という思いを自分の言葉で伝えます。

また、現場で日々働く中での改善点の提案など、メンバーの意見を吸い上げることも大切です。こうしたアメーバリーダーの取り組みが全員参加経営につながっていきます。

また、目標を達成するためには、メンバー全員が集まって情報を共有することが大切です。そのための場として、朝礼は大切な役割を果たします。前日までの目標の達

**目標達成のための情報共有**

**部門ミーティング**

目標となる数字の共有
仕事のベクトル合わせ

**朝礼**

前日までの目標達成状況確認
その日の営業で意識すべき点を伝える

成状況を確認したり、アメーバリーダーからメンバー一人ひとりにどのようなことを意識してほしいかを伝えていきます。シフトなどの都合で朝礼の開催が難しい場合は、昼礼や終礼も活用し、メンバーが集まる場をつくっていきます。

## コミュニケーションの要「コンパ」

アメーバ経営において、コンパはコミュニケーションの要となります。これは世間でよくいう飲み会とは目的が異なります。お酒や食事を取りながら、アメーバリーダーがメンバーに仕事に対する考え方や、将来の夢を語っていきます。リラックスした雰囲気の中で、本音で仕事の話をすることで、仲間としての一体感を高め、全員参加経営を実現していくのです。

こうしたアメーバ経営流のコンパは、JALをはじめアメーバ経営を導入した企業で、さまざまな場面で開催されています。

**リーダーの仕事とは**

**時間当り採算表を駆使してアメーバを経営し利益を増やして事業を成長させる**

**メンバーが仕事に打ち込めるようにする**

**メンバーそれぞれが仕事にやりがいを感じられるようにする**

**メンバー全員の力が目標達成に向かうようにする**

# 第4章 ▶▶▶

# 月次予定の作成と報告会

自分で設定した毎月の売上目標が超えられない……。
会議で追い詰められた美鈴は
今までにない新しい施策を試みることに。

STAFF ONLY
—9月下旬
先月 新しくリーダーになった方には初めての仕事になりますが 今回は月次予定の作成について説明します
月次予定とは 毎月「今月はこれだけ利益を出す」という目標のことです アメーバリーダーはこれを毎月のリーダー会議で発表し その実現に向けて努力していきます
実際には いつも皆さんが見ている部門別採算表に 予定の数字を書き込むことになります
この数字は皆さんの決意表明でもあります 現状に甘えることなく上を目指してください
毎月 高い目標に挑戦する それを頑張って達成すれば やりがいが得られる
成長もできるし 会社も立派になっていきます

もう一つ
支出の項目も当然ありますがこれはいわゆる「予算」ではありません
支出
ここに書いた金額までは使っていいという既得権益のようなものではありません
赤字だったり売上が伸びない場合などは特に支出を減らせないかと見直す必要があります
ですから予算だから使い切らないと翌月減らされるというような考え方もしません
削れる出費はとことん削る
売上最大 経費最小はアメーバ経営の原則です

ズーーン
ビクッ
コスプレ
パーティーグッズ
テーブルゲーム パズル
プラモ ラジコン
キッズトイ フィギュア
……
あー 費目が
色々ありすぎて
1カ月の売上予定なんて
立てられないよ～
プス
そんな先の
売上が分かれば
苦労しないっての
プス
基本的には前年同月の
実績数字にイベントとか
新商品とか特別要因を
加味して 最後に
努力目標を加えた数字で
いいんじゃないかな
ギシッ
なるほど……10月は
ハロウィンがあるし
ハロウィンブームは
毎年どんどん
盛り上がっているから
そこに乗っかれば
前年同月比200%も
夢じゃない！
ここは強気で
どーんと！
頼もしいな
どーんと
よろしく頼むぞ
元気に
なった…

コスプレコーナー
HALLOWEE
Happy Hallo
11月上旬
月例会議
FF ONLY
続いてバラエティー売り場星空さん報告をお願いします
カタン
はい……

バラエティー売り場は目標売上を3000万円 利益を1000万円 時間当りを5000円と見込んでいましたが
結果は売上1800万円 利益600万円 時間当りは3000円でした
予定に全然届いていないがこれは？
これは……
ハロウィンブームの去年以上の盛り上がりを期待して高い予定にしていました
確かにコスプレ衣装メーク道具を中心に売上はかなりUPしたんですが
いかんせん売れた期間がハロウィン直前の5日間程度と短かったことと
そのために大量に仕入れた在庫がハロウィンを過ぎてぱったり売れなくなったことで経費としてかなりかさんでしまいまして……
それにしても予定を40%も下回るというのはさすがにリーダーとして見通しが甘すぎるんじゃないか

これでも9月の時間当りの２４００円に比べたら25％もUPしているんです！
それは認めてください！
ガタ
数字が伸びているのは素晴らしいことだ
だけど
仕入れの量を最終的に決めたのも販売価格を決めたのも売り場づくりの指示をしたのもリーダーである君だ
先ほど予定を下回った理由を自分の口から語ったねそれを事前に予想し対策を実行できていたらもっと時間当りは上がっていたはずだ
グッ
……すみません
とまぁこのように月次予定を立てることがいかに難しくまた経営をシビアに見る必要があるかがよく分かったと思う
反省を次に生かすのが良いリーダーとしての使命だ自分の経営感覚をより一層磨いてほしい

先月のハロウィンは読み間違ったけど今月の後半はもうクリスマス商材の売り場展開が始まる時期
今度こそ時間当り5000円！
……とはいわずとも4000円の大台には乗せてみせる！
どこよりもクリスマスプレゼント向けの品ぞろえをしているのがウチの売り場だもんね！
今月はあと8日しかない……けど今月の売上目標の達成率は今のところやっと半分
ってことは目標達成のためには1日150万円以上売り上げなきゃいけないの!?

やば
もっと
がんばらないと！
いらっしゃいませー
……
12月
月例会議
ズーン
おい
大丈夫か？
それでは次は
バラエティー売り場
報告してくれ
はい……
ガタ
今月は
売上目標を2400万円
利益を800万円
時間当りを4000円と
見込みましたが
結果は売上1700万円
利益560万円
時間当りは
2800円でした
すみません
ボソ
ボソ
ボソ
ボソ

先月に続いて今月も大幅に予定を下回ったな
すみません……ウチの一番の稼ぎ時であるクリスマス商品の展開は始まったんですが
いかんせん11月中はまだお客様もクリスマスムードになりきらなくて……
いいか月次予定は夢物語ではないあくまでも必達目標だ
現実を見据えた予定を立てるだけでなく届かなそうと感じたら月の途中からでも「どうやったらここから挽回できるか」対策を考えるんだ
対策……
朝礼——
12月13日の実績を報告します
31日中13日を経過し経過率は42％です
アウトドア売り場売上予定２１５０万円実績９５８万円遂行率44・5％
バラエティー売り場売上予定３５２０万円実績１２１８万円遂行率34・6％

家電売り場……
今月も順調に遅れてるな
ウチはちゃんと実績積み上げてるけど
……
確かに遅れ気味ですけど……
クリスマス商戦は後半に向かって盛り上がっていくはずです！
メラァ
あちっ
12月23日
Winter
美鈴さんひょっとして今月も月次予定の目標高すぎたんじゃないですか？
あーそれが……
私反省して12月は大人しく前年並みの予定を書いていったんだけど会議にそれはそれでしかられちゃって……
いつもの前向きな星空はどうした！
俺がこの店にアメーバ経営を持ち込んだのは前年並みの売上を維持するためじゃない！
この店を成長させるためだ！
あいかわらず熱いッスね
ねー

結局 去年の12月から 15%増って 宣言しちゃって……
15%増はコンパで 美鈴さんが言ってた 数字ですもんね
でも今朝の朝礼で 予定の達成率は 60%って……
今日と明日が一年で 一番売れる日なのは 間違いないんだけど それでも 9割届くかどうか だと思う
ってことは クリスマスが終わった後 1週間で残りの10%を 売り上げないと いけないわけですね
何か 考えないと……
24日 夜
しかしウチの店の 立地を考えたら 客層が違うんじゃあ ないか……

だからこそです！
今までと同じ施策を
やっていたら
今までのような利益しか
上がりません
冬休みに入る今が
新しいことをして
新しい客層を取り込む
チャンスなんです！
だからってそんな
いきなり明日から
君の売り場だけ
割引セール
と言われても……
いいじゃないですか
！
アメーバ経営にも
『値決めは経営』
という言葉があります
売り手が損をせず
客が喜ぶその値段は
たった一点しかない
そこを見極めるのが
商売の要だと
店長！
むむむ……
分かった
やってみろ
ありがとう
ございます！

子ども割引
15歳以下
5%引き!
ダイキャストパズルや鉄道模型 冬休みに家族や友達と遊べるカードゲームはいかがですかー!
今日から子ども割引始めましたー!
子ども割引
15歳以下
5%引き!
成功しそうですね子ども割引フェア!
前から気になってたの
ウチの店 親子連れとか小中学生だけのお客さんって入りづらいんだろうなぁって

でも 新宿という街に子どもがいないわけじゃないむしろ冬休みに入って子ども同士で遊びに来る子たちも親子で買い物に来る子たちも増えてる
だからそういういつもは来ない客層も取り込めればって
ついでにクリスマス商戦で多めに仕入れたキッズトイの在庫もはければ御の字と
それは副産物だけどね
昔小学生のころの私にとってジャングルマートはとてもキラキラした遊び場だった
あれからたぶんいろいろ売れ筋商品を研究する中で子ども向けの売り場は縮小していったんだと思うけど
私はあのころのドキドキを取り戻したかったんだ

1月2日
朝の
売り場ミーティング
皆さん あけまして
おめでとうございます!
新年最初の営業日からの
出勤ご苦労さまです
まず最初に皆さんに
ご報告します
先月の
月次予定ですが
……
無事
達成しました!
おおっ

売り場づくりという意味でも大変でしたが それ以上に「売り場の雰囲気づくり」という面で皆さん一人ひとりにとても感謝しています
皆さんの笑顔がこの結果につながったんだと思います
さあ 新年もお年玉を握りしめた子どもたちにたくさん遊びに来てもらえるよう気を抜かずにがんばりましょう！
はいっ！

第4章
解説

# 月次予定の作成と報告会

## マスタープランと月次予定

アメーバ経営では、アメーバリーダーがメンバーと話し合いながら、年度計画（マスタープランといいます）と、1カ月単位の計画（月次予定といいます）を時間当り採算表を使って立案します。

そのうえで、メンバー全員が目標を達成するための役割を担って日々仕事に取り組みます。ここでは、計画の立案と実行のサイクルについて紹介します。

マスタープランとは、会社全体や各事業部の方針や目標を基につくられるアメーバ単位の年間の経営計画のことで、年度の初めに時間当り採算表で12カ月分作成します。アメーバリーダーがメンバーと一緒に会社の方針を基にしながら、「来年は1年間でこれだけ事業を伸ばしたい」というテーマで議論して、自分たちで計画をつくります。これを上司にも承認してもらい、最終的には社長の承認を得て正式決定されます。

マスタープランによってアメーバリーダーは、「この1年間、どのような経営をしていきたいのか」という経営者としての意志を表現することができます。

## 月次予定の作成

アメーバ経営では、マスタープランを毎月着実に達成していくことが大切だという考え方のもと、月初にその月の詳細な計画を立てて、実行することに力を入れます。この1カ月単位の目標が「月次予定」です。

月次予定をつくる際には、アメーバリーダーがメンバーと話し合って、売上と経費、時間の目標を細かく設定し、採算表の各科目の金額を決定していきます。

このようにいうと難しく感じるかもしれませんが、ゲーム感覚で「こうやったら電気代が○円削減できる」「商品陳列の手順を見直して時間を○時間減らそう」とみんなの知恵を集めて考えればいいのです。

## 月次予定は必達目標

アメーバリーダーがメンバー全員の意見を集めてつくった月次

予定は、みんなの思いを込めて「必ず達成しよう」と思えるものにすることが大切です。アメーバリーダーにとっては、上司や会社に対して達成を約束する必達の目標でもあり、毎月の経営会議でその内容を発表します（そこでは上司やほかのアメーバリーダーから達成に向けたアドバイスをもらうことができます）。

自分たちで月間の目標を決め、その達成を約束して努力することで、メンバーそれぞれの成長につながるのです。

## アクションを共有する「部門ミーティング」

月次予定を改めてメンバーと共有するための場が第3章でも紹介した部門ミーティングです。このミーティングでは、アメーバリーダーは自分のアメーバのメンバーに対し、前月の実績や今月の予定の数字を伝え、さらに、予定を達成するために、どのようなアクションを取っていくのかを細かく話します。

ここで大事なのは、予定を達成するためにメンバー一人ひとりに1カ月間の具体的な役割を決めて、みんなにやる気になってもらうことです。「予定達成に向けて頑張ろう」「アメーバ（チーム）に貢献したい」など、メンバーそれぞれがこのように思いながら、自由に意見を言い合える場が部門ミーティングなのです。

## 日々管理して対策を立てる

毎日の仕事の中では、アメーバリーダーは売上や経費の実績を日々確認して、月末に確実に月次予定が達成できるようにしていきます。もし、売上が予定通り上がらなかったり、突発的な問題が起きて経費や時間が増えてしまいそうな場合は、すぐに対策を考えて解決していきます。その際には、メンバーからも意見を出してもらい、また実際に対応に当たってもらいます。美鈴も毎日進捗を確認していましたが、12月に遅れを取り戻すため、クリスマス後に割引セールを実施するという対策を立てて見事に予定を達成しました。

メンバーが目標達成に関心を持ち続けるためにも、日々の実績は朝礼などの場で共有することが大切です。

## 階層別に行われる「アメーバ経営会議」

アメーバがマスタープランを達成していくために、1カ月をどのように経営していくのかを確認し、課題を解決する場がアメーバ経営会議です。アメーバ経営会議は階層別に開催されます。もっとも最上位であれば、社長と役員・幹部などが参加しますし、部長が課長を集めて開催するものもあります。出席者が前月の実績と今月の予定、アクションプランなどを報告し、これに対して社長や幹部が直

## アメーバ経営会議とは

アメーバがマスタープランを達成していくために、1カ月をどのように経営していくのかを確認し、課題を解決する場

参加者は社長と役員・幹部クラスや、課長や係長クラスなど階層別に開催

前月の実績と今月の予定を報告、上長による指導を受ける

アメーバリーダーにとっては経営者やリーダーとしての考え方を学べる貴重な機会

社長にとってはリーダーを育てる教育の機会

### 階層別に開催されるアメーバ経営会議

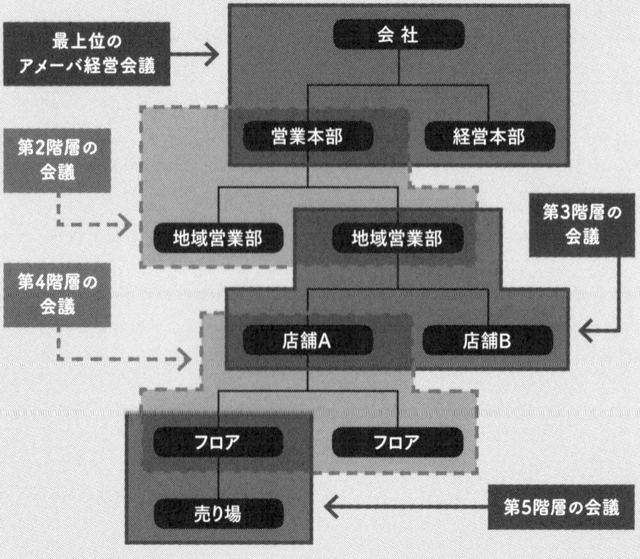

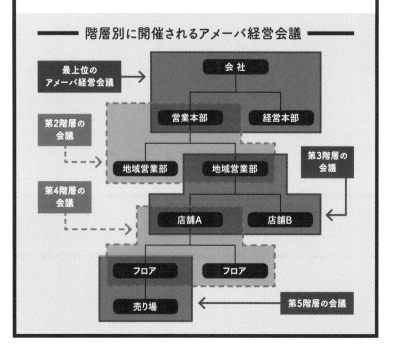

接指導します。課題に対しては全員で知恵を出し合って議論します。アメーバ経営会議はアメーバリーダーにとって、経営者やリーダーとしての考え方を学べる貴重な学びの場でもあるのです。

## 経営者の分身をつくる

社長にとってアメーバ経営会議は、自分の思いを直接アメーバリーダーに伝え、リーダーを育てる教育の機会となります。アメーバリーダーからの報告を聞き、それに対してリーダーとしての判断基準、他部門との連携のあり方、数字を使って議論することなどを具体的に指導していきます。

アメーバ経営会議は、社長と同じような考え方、熱意を持つリーダー、いわば「経営者の分身」を育てるための絶好の場なのです。

## 翌月の月次予定の作成へ

月次予定の作成で重要なのは、前月の実績を分析し、そこで起きた問題の原因を追求し、次の月に生かすことです。

アメーバリーダーは、予定（Ｐｌａｎ）、実行（Ｄｏ）、分析（Ｃｈｅｃｋ）、対策（Ａｃｔｉｏｎ）、いわゆる採算管理のＰＤＣＡサイクルを毎月行うことで、月次予定の精度を高めていきます。その過程でアメーバリーダーだけでなく、メンバーの経営参加が進むのです。

## 現場主義

アメーバ経営に取り組むと、このように会議や資料の数は増えていきます。しかし、大切なのはあくまでも現場です。机上の空論ではなく、現場のことをよく分かったアメーバリーダーが時間当り採算表を使い、具体的な目標とアクションプランを考えることで事業は伸びていくのです。美鈴が12月に月次予定を達成することができたのも、現場で顧客をよく見ていたからこそといえます。

せっかくつくった月次予定や、参加する会議を本当に意味のあるものにしていくために、現場主義に徹することが欠かせないのです。

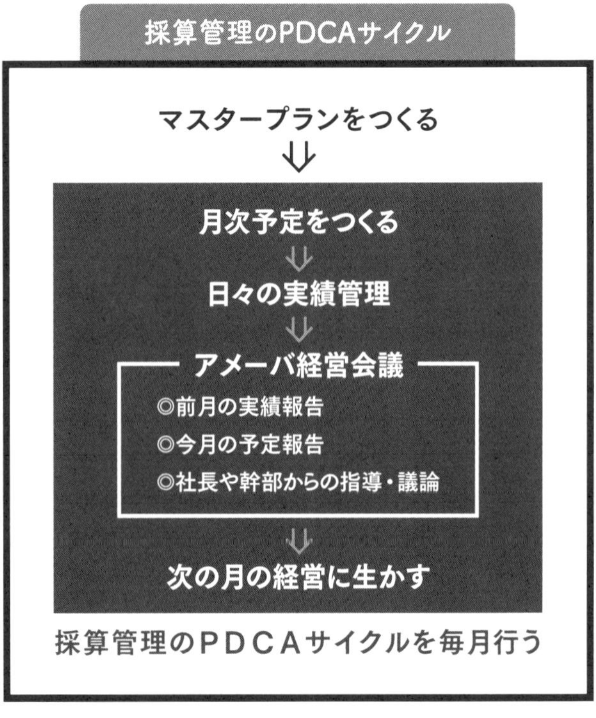
採算管理のPDCAサイクル
マスタープランをつくる
月次予定をつくる
日々の実績管理
アメーバ経営会議
◎前月の実績報告
◎今月の予定報告
◎社長や幹部からの指導・議論
次の月の経営に生かす
採算管理のＰＤＣＡサイクルを毎月行う

第5章 ▶▶▶

# 「フィロソフィ」があってこそのアメーバ経営

アメーバ経営の導入は順調かに見えたが、
アメーバ同士の連携の不備で
お客様を巻き込むトラブルに発展してしまい……？

1月の月例会議
えー では 次に 3月からの 早春の商品展開に向けた 売り場展開企画案を 発表してもらう
まずは アウトドア売り場 園田
ガタ
はい
冬の時期 我々 アウトドア売り場は バラエティー売り場に かなりの面積を明け渡して きました
その理由は ハロウィン以降クリスマス 正月 バレンタインと バラエティー売り場には イベント商材が てんこ盛りなのに対し 我々は季節柄アウトドアの オフシーズンに 当たるからです
逆に 春になり 雪が溶け始める早春以降は その恩を返していただくのが あるべき姿では ないでしょうか
つきましては 春の登山ウエア&テント& 寝袋フェアを定番商品以外の 季節商材ブース全面を使って マネキン&ジオラマで 展示し……
ちょっと待った! 季節ブース全面って どういうことですか!
プレゼンの 途中だ ちょっと黙れ
園田さん!
園田くん 続けて

はい つきましては 売り場面積は……
社長! お疲れ様です
新宿店の数字は 逐一チェックしているよ どの売り場も着実に 上向いているじゃないか
アメーバ経営の運用に 問題は 起きていないか?
いえいえ 順調そのものです!
今日も若いリーダー同士が 会議でケンカしそうに なったんでこう店長の私が ガツンと一喝を——
ケンカ? どんな?
いえね売り場の面積を ウチにくれいやウチに なんていうつまんない ケンカですよ
……
? どうか しました?
いや昔のことを ちょっとね……
アメーバ経営を続けていくと 必ずその問題に突き当たる 一つのアメーバの利益を 優先することで それ以外のアメーバに 不利益になるというケースだ
そこで 年次が上のリーダーや 声の大きい者 威圧的な者の意見が まかり通るようでは 経営にゆがみが生じる

？
そのときに必要になるのはさらに上の責任者による公正なジャッジだ
くれぐれもよろしく頼むよ東條くん
翌週
早春からの売り場展開についてだがな
園田の案は全面的には受け入れられないイベントブースの8割はアウトドア2割はバラエティーでいくいいな
なんでですか！早春のシーズンにウチに面積が必要な理由は説明したでしょう！
店長！2割なんてひどすぎます！
せめて3割いや4割は確保してもらわないと今ある在庫も陳列しきれません！
どっちにも言い分はあるだろうが
どっちかだけを聞くわけにはいかないんだよ
8対2は俺の経験則を基に出した数字だお前らにはこれに従ってもらう
いいな
経験則ってそんな……

それでしたら こちらになります ご案内します
ちょっといい？ 雑誌で見た 商品を探してる んだけど……
申し訳ございません ただいま別のお客様の ご案内中でして……
あらそう
西野くん！ ちょっといい？ お客様のご案内お願い
はーい
悪いわね ありがと
ごゆっくりどうぞ！ ……すみません お待たせしました！

お姉ちゃん ありがと！
PrINCeSS
どういたしまして よかったね
ありがとう ございました
ぎゅ
PrINCeSS
Girl
♪
あなた！ いつまで 待たせるつもり!?
えっ…… 先ほどのスタッフが ご案内差し上げたのかと……
さっきのお兄さん？ 自分の売り場の商品じゃないからって 私を置いて どっか行っちゃったわよ！
そんなはず…… あ！ 西野くん！
はい？
この人自分じゃ分からないから 誰か呼んで来ますって
私の返事も聞かずに 行っちゃったっきり それで私10分もここで 待ちぼうけよ！
タタタ
えっ……
こちらのお客様 お孫さんの プレゼントに 望遠鏡をお探しとの ことだったので
だったら バラエティー売り場 じゃなくて アウトドア売り場に なるからって 園田さんに引き継ぎ お願いして……
園田さんなんて人 来ませんでしたけど！

確かに引き継いだんです！
それにさっきから10分も経ってな……
ギロ
ヒィッ
でも
そもそも西野くんだって前はアウトドア売り場も見てたんだから商品のご案内できたよね？
今はアメーバ経営でアウトドア売り場は別のアメーバだし……それに時間当り向上のためにバイトも１人減ってるから僕も自分の仕事が……
あなたの仕事は接客でしょう！
もういいわ！あなたたちじゃお話にならない！
店長を呼んでちょうだい！

申し訳ございません お客様！ 店長でしたら 奥のオフィスに おりますので ひとまずこちらへ……
あら
どうした 2人してボケっと 突っ立って
暇か？
ぽーー
ん？
園田さん！ 望遠鏡のご案内って しました!?
ああちょうど 俺しか分からない 業者対応で バタバタしてたから ウチのバイトに 任せたんだけど…… どうかした？
？

引き継ぎのスタッフが誰も来なくて10分待ちぼうけって……
げっ マジか！
おい新田《にった》ァ！
やってもうた……
大変申し訳ございませんでした！
ホント おたくの社員教育はどうなってるのよ！
私は自分のために怒ってるんじゃないの お店のためを思ってあえて叱ってんの！ 分かる!?
ごもっともでございます
いい？ 二度とこんなことがないようにしてちょうだい！
ああせっかく かわいい孫の誕生日プレゼントを買おうと楽しみにして来たのに台なしだわ！
カッ
カッ

翌日
――経緯は分かった
明確に
誰の責任というよりは
連携ミスだな
申し訳ございません!
ありませんでした!
そしてその原因は
アメーバ間の縄張り意識と
経費削減や
時間当り採算の向上を
目指すがゆえの
売り場スタッフの
人員削減と
それに伴う
多忙さにあると
すみません
責任は
スーパーバイザーの私に
あります
数字が改善していく
様子を見せることで
モチベーションを
引き出すことに
気を取られて……
アメーバ経営と
フィロソフィの徹底が
車の両輪ということを
忘れていました

……実は以前も私は同じ失敗をしているんだよ
!?
もう6年も前になるが私は社長に就任したばかりで会社を立て直すという使命感に燃えていてね
売り場面積最大のジャングルマート本店にアメーバ経営を導入したんだ
だが結果は1年ももたずに白紙撤回となった
どうしてですか?
言っただろう今回と同じだよ売り場のスタッフたちにフィロソフィを根付かせることができなかった
彼らは皆 協調性や連携を忘れ 自分の売り場の利益を優先し他人を蹴落とすことを考えてしまった
店内の雰囲気はギスギスし毎月の経営会議は紛糾し店長は各アメーバ間の調整に疲弊するばかりだった
個々のアメーバは一つ一つの小さな会社だだから皆が経営者意識を持ち労使の関係ではなく共同経営者として共通の目標にまい進する……
それは当然理想の形だがその理想を実現するためには全員が同じ理想を胸に描いていなければならない
それを具体的な言葉にしてまとめたのが『フィロソフィ』だ

フィロソフィ……日本語でいうと哲学って意味ですよね
なんだか当たり前のことばかりいっぱい書いてあったんでパラパラっと見てロッカーにしまっちゃいました
アメーバ経営におけるフィロソフィはアメーバ経営の考案者稲盛和夫さんがつくり上げた『京セラフィロソフィ』を手本にしている
それは企業としていかに儲けるかというようなこと以前の「人としてどうあるべきか」という人生哲学そのものなんだ
それが経営と何か関係が……
カッ
ないとは言わせないぞ今回のクレームがなぜ起きたかを考えろ
……
とはいえ当時の私はまだ若かった君たちと同じでアメーバ経営は経営学であり会計学であってフィロソフィなんて関係ないと思い込んでいただが違ったんだ
私は同じ失敗を繰り返してしまった……
社長まだ遅くはありません今度こそフィロソフィを全社員全スタッフに徹底的に教育しこの店を一つにするんです
私にやらせてください

私も……
私も協力します！
フィロソフィについて
まだ私自身
よく分かっていません
でも「人として
どうあるべきか」を
考えるのが大事なのは
私だって分かります！
君たち……
よく言った
では星空くんに
宿題を出そう
君なりの
ジャングルマート
フィロソフィを
考えてくるんだ
私なりの
……？
全部を考える必要はない
もちろん俺も店長も
社長も含めてみんなで考える
だが大事なのは
現場で日々働いている
君たちの目線だ
なぜなら――
アメーバ経営では
『一人ひとりの社員が主役』
だからですよね

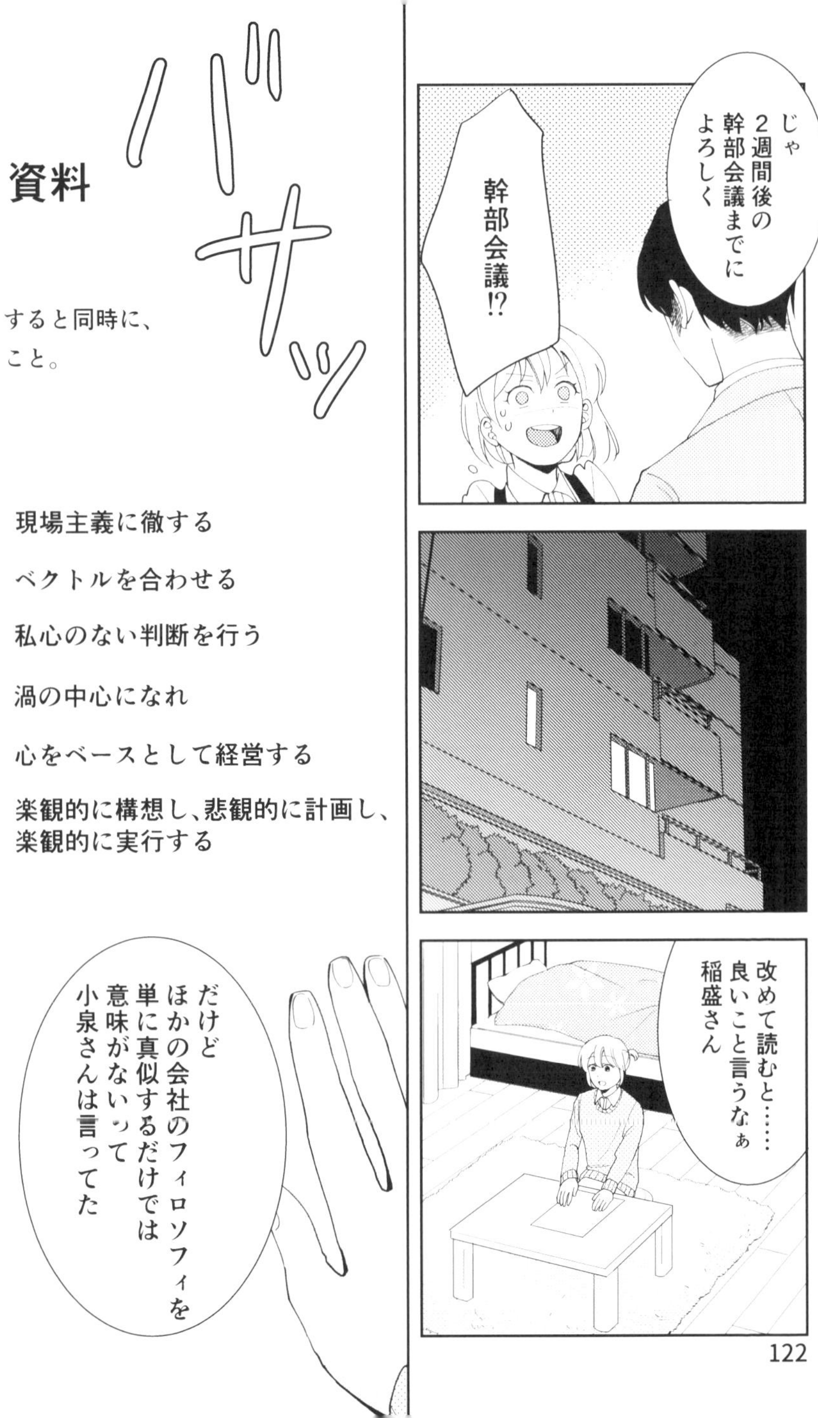

じゃ2週間後の幹部会議までによろしく
幹部会議!?
改めて読むと……良いこと言うなぁ稲盛さん
資料
すると同時に、
こと。
現場主義に徹する
ベクトルを合わせる
私心のない判断を行う
渦の中心になれ
心をベースとして経営する
楽観的に構想し、悲観的に計画し、楽観的に実行する
バサッ
だけどほかの会社のフィロソフィを単に真似するだけでは意味がないって小泉さんは言ってた

## フィロソフィ参考

「京セラ経営理念」

全従業員の物心両面の幸福を追求
人類、社会の進歩発展に貢献する

「京セラフィロソフィ」(抜粋)

人生・仕事の結果
＝考え方×熱意×能力

夢を描く

感謝の気持ちを持つ

仕事を好きになる

高い目標を持つ

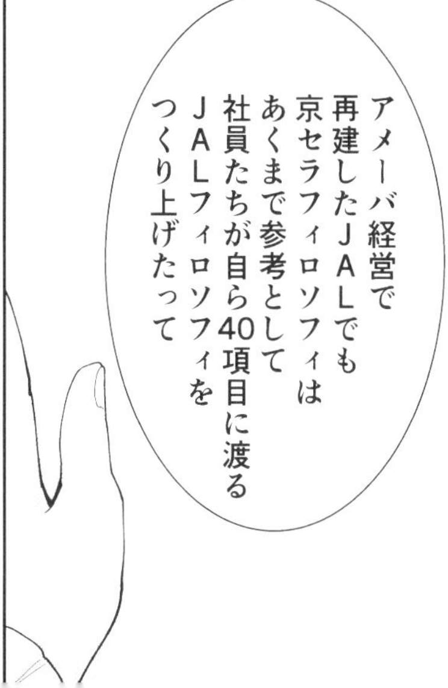
アメーバ経営で再建したJALでも京セラフィロソフィはあくまで参考として社員たちが自ら40項目に渡るJALフィロソフィをつくり上げたって

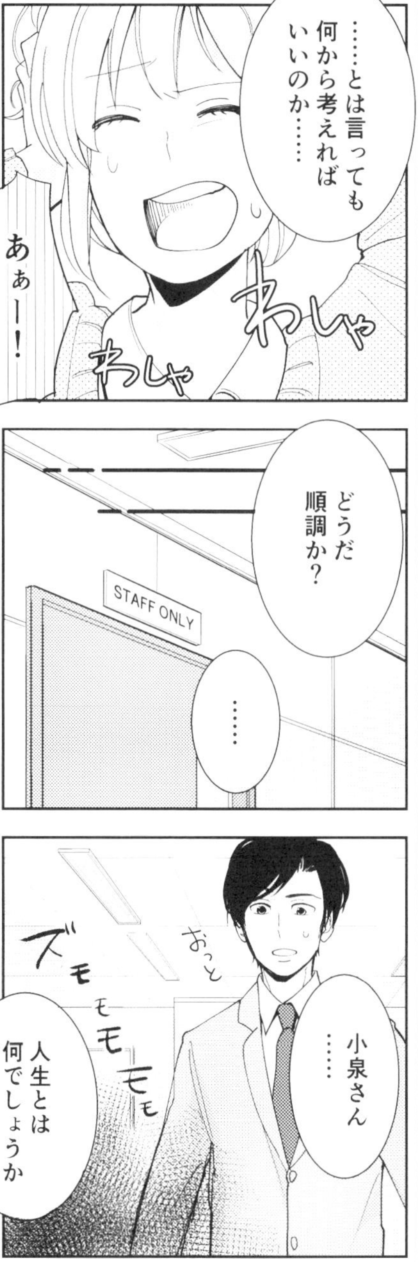
……とは言っても何から考えればいいのか……
わしゃわしゃ
あぁー!
どうだ順調か?
STAFF ONLY
……
おっと
ズモモモモ
小泉さん……
人生とは何でしょうか

モヤァ
ガタ
哲学的な問いだな悩んでいるのか
悩んでます でも「やります」って言ったの私だし
今晩空いてるか？飲みにでも行くか
カ――☆――ン
乾杯！
がや
がや
ぷはー
すみません私のために時間をつくってもらっちゃって
……ひげ
笑
俺から誘ったんだ気にするなそれより彼氏とか大丈夫なのか？
いない歴すでに3年です
ぐび
なるほど聞かなかったことにしよう

それはそうと フィロソフィについて だったね
はい 立派なものにしなきゃ って考えすぎて プレッシャーが……
立派なものが 欲しかったら 最初から君に 頼んだりしないさ
ギュ
いや 変な意味じゃなく
俺たちが欲しいのは もっと現場で働く社員が 聞いて実感できる 等身大のフィロソフィだ
等身大 ですか
星空くん 君はどうしてこの ジャングルマートに 就職した?
私は……
小学校のころ ウチの近所の ジャングルマートは 私の遊び場だったんです
10円のお菓子から ジュース おもちゃ かわいい文具アクセサリー 自由研究の材料まで 何でもそろう宝の山で
それに小学生の私が 見たこともない商品が 世の中にはいっぱいあって 行くたびに 発見と驚きがあって お正月にはお年玉を 握りしめて出かけてました
だけど 店員さんになろうって 決めたのには あるきっかけが あったんです
きっかけ?
小学6年生の時でした 親友の12歳の誕生日パーティーを することになったんです その子は転校が決まってて どうしても思い出に残る パーティーにしたくて
だけど 小学生が思い付くことには 限界があって
それで店員さんに 相談した?

「誕生日パーティーを盛り上げるにはどうしたらいいですか」って
今考えればあいまいすぎる質問ですけど店員のお姉さんはそれに親身になって答えてくれました
きちんと小学生のお財布事情も考えて
小学生1人の売上なんてせいぜい2千円くらいだったと思いますだけどそのお姉さんは私の話を真っすぐに聞いてくれてそれが嬉しくて……
その話の中に答えはあるんじゃないか?
え?
君がジャングルマートに求める理想はきっとそこにあるあとはそれを言葉にするだけだよ
理想を言葉に……
……
ハッ
小泉さん!
何だい?
ワインボトルで頼んでもいいですか!?

2月の幹部会議
結局 今日までに私が考えられたフィロソフィは2つだけでした
ガタ
「お客様の笑顔を創《つく》る」そして「新しい出会いを創る」です
そしてもう1つ新しい出会いとはお客様と商品との出合い
そしてその商品を通じて新しい楽しみと出合ったり新しい趣味 味 習慣 便利 発見 生きがい 笑顔 そんなさまざまなものと出合って人生を豊かにしてもらいたい
そして お客様と私たちスタッフとの出会いがそのきっかけになれたらそう思って提案しました
1つ目は小売業としては当たり前のことですがこれを毎日の営業で常に心に抱いて接客できているか改めて自問自答し直す必要があるのでは と思いました
……どう……でしょうか?

パチ
パチ
パチ
とてもいい
ただのきれいごとではない
君の実感がこもった
言葉だね
社長
採用で
よろしいですか?
ああ
もちろんだ
第1回フィロソフィ会議
。お客様の笑顔
。新しい出会
さあ皆さんも
事前にお配りした
サンプルを参考に
ジャングルマート
フィロソフィの
ご提案をお願いします
もちろん
星空くんも
じゃんじゃん発言してくれ
キュッ
はは
はいっ

第2回 フィロソ
第3回 フィロソフィ会議
ジャングルマート フィロソフィ 全40項目になります
社長室
いいものができたな スタッフへの 周知徹底 よろしく頼む
はい！

いらっしゃいませ！
……すいません
このおもちゃなんですけどうちの子遊んでて壊しちゃって……
大のお気に入りだったんで同じものを買ってあげたいんですけどありますか？
やー！ぼくこれがいいの！
でもこれ壊れちゃったでしょう同じの買ってあげるから
やー！これでいい！
ね ちょっと見せてもらえるかな？
獣神戦隊ビーストマンのDX超合体ロボね在庫あると思いますので少々お待ちください
あの 星空さん
？
これ壊れたんじゃなくてジョイント外れてるだけですよ
え？

これを
ここにこう
ねじ込めば……
カチッ
わあ!
ありがとうございます!
ほらお兄ちゃんと
お姉ちゃんにお礼して
どうも
ありがとう!
どう
いたしまして
あーあ お前
経営者意識
低いな〜
え?
ごめんなさい……
僕もそう思ったん
ですが……
?

だって僕が直さなかったら1個確実に売れてたってことですよね
あれ セットで買ったら1万円近くするんだぜ
そんな……
でも「お客さんのため」って思ったらつい体が動いちゃって
美しいねぇ フィロソフィが深層心理にまで染み込んでるってことだ
お客様の笑顔を創る……
まいいんじゃねーの その調子でがんばれ
！
翌日
はい！
おねえちゃん！
あら いらっしゃいませ
今日は何のお買い物？
あっ あの時の望遠鏡の……

この子……ウチの孫なのよ
へ？
こんな店もう来るもんかって思ってたんだけど
娘と孫が口をそろえて言うのよ
あのお店のお兄ちゃんとお姉ちゃんが優しくしてくれたまたジャングルマート行きたいって
おばあちゃん！望遠鏡あったよ
……あの時はごめんなさいねたまたまタイミングが悪かったのよね
いいえ！お客様に言われて私たち目が覚めたんです！
お客様の笑顔を創るために何ができるかあれから全スタッフ毎日一生懸命考えたんです
だから……
お客様ありがとうございました！
これからもちょくちょく寄らせてもらいますね
おばあちゃーんはやくー！

第5章
解説

# 「フィロソフィ」があってこそのアメーバ経営

## フィロソフィなくしてアメーバ経営は成り立たない

フィロソフィとは「哲学」という意味の英語です。アメーバ経営は、このフィロソフィがあってはじめて正常に機能することを忘れてはなりません。

その理由は、高坂社長が語った通りです。フィロソフィが定着していないままアメーバ経営を導入すると、社員は「自分の部門の採算がよくなればそれでいい。そのためには何をしてもいい」という間違った考え方をしてしまうかもしれません。それでは、アメーバ間で協力することはできず、かえって社内の連携が悪くなりかねません。場合によっては不正をする人が出てきて、むしろ業績を悪化させてしまうこともありえます。

アメーバ経営に取り組むうえでは、公平、公正、仲間のためを思うといった、よい社風を確立することが欠かせません。そのもとになるのが社員一人ひとりの意識や考え方、つまりフィロソフィなのです。

## 経営理念はすべての根本

フィロソフィとともに重要なものとして「経営理念」が挙げられます。経営理念は「経営の目的」を示すものと位置づけられます。

「何のために経営するのか?」「何のために働くのか?」といったことは普段はあまり意識しないかもしれませんが、こうした基本的なことを経営トップが徹底して考え、その解答を示すことで、社員はやりがいをもって仕事に打ち込むことができます。

それではここで、稲盛さんが見出した経営の目的、つまり京セラの経営理念を改めてご紹介します。

**全従業員の物心両面の幸福を追求すると同時に、人類、社会の進歩発展に貢献すること。**

このように、京セラでは経営の目的を全従業員の物心両面の幸福を実現することだと明言しています。これは、JAL、KDDIも同じです。このような経営の目的であればこそ、社員全員が受け入れることができ、その実現に向けて協力して頑張っていけるのです。

## 働くことの指針となるフィロソフィ

この経営理念をベースに、人間としてのあるべき姿や働くうえでの基本的な考え方をまとめたものが「フィロソフィ」です。

美鈴は「お客様の笑顔を創る」「新しい出会いを創る」というフィロソフィを考えました。このように、フィロソフィは毎日の仕事の中での指針となるものです。

フィロソフィの項目数に決まりはありません。例えばJALなら40項目、KDDIは38項目、京セラは78項目です。

※京セラではその後「京セラフィロソ

**社員が働くための指針**

**経営理念**

「何のために働くか」という経営の目的

**フィロソフィ**

働くうえでの基本的な考え方、毎日の仕事の中での指針

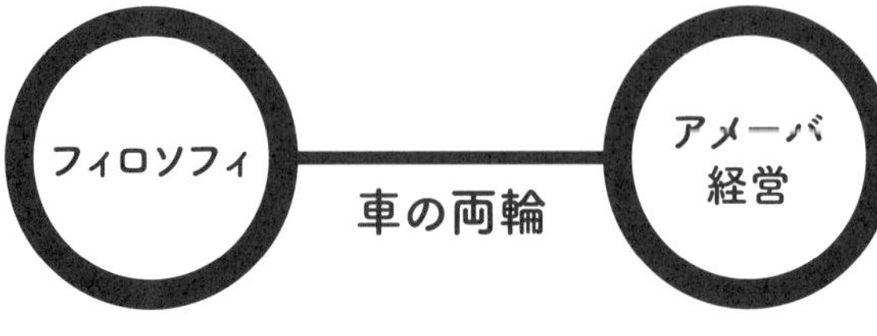

フィII」の43項目が追加でまとめられています。

## JAL再建とフィロソフィの浸透

経営破たんしたJALの業績が稲盛さんの手腕でV字回復した、という話は第1章でご紹介しました。その際にも、やはりこのフィロソフィの浸透が欠かせませんでした。

日本を代表する巨大航空会社であるJALでは、破たん前にはほとんどの社員が赤字を他人事としてとらえ、自分たちの責任だと考えたり、社員それぞれが改善のために工夫をするということは少なかったそうです。

JALの会長に就任した稲盛さんは、社員の「意識改革」をしなければ再建はない、と考えました。それは、アメーバ経営による採算意識や経営者意識の醸成だけではなく、もっと根本的な「生き方」「働き方」の意識を変えるということです。

まず、幹部の考え方を変えなければならないと思った稲盛さんは、幹部社員を集めてリーダー教育を行いました。

はじめは「きれいごと」ととらえていた幹部たちでしたが（ジャングルマートと同じです）、稲盛さんの熱意が伝わったことで、次第に腹落ちしていきます。その評判を聞いたほかの幹部社員たちからも「受講したい」と要望が上がり、幹部社員がフィロソフィを学ぶ機運が高まっていきました。一方で、全グループ社員にフィロソフィを学んでもらうための定期的なフィロソフィ教育も行われるようになっていきました。

## 「稲盛経営12カ条」と「六つの精進」「京セラ会計学」

稲盛さんの経営哲学は、フィロソフィだけでなく、経営者としての心構えや会計の原則などさまざまな形でまとめられています。ここでは、ＪＡＬのリーダー教育で幹部の人たちが一生懸命学んだ「稲盛経営12カ条」「六つの精進」「京セラ会計学」の項目を紹介します。

【稲盛経営12カ条】

### ①事業の目的、意義を明確にする

公明正大で大義名分のある高い目的を立てる。

**②具体的な目標を立てる**

立てた目標は常に社員と共有する。

**③強烈な願望を心に抱く**

潜在意識に透徹するほどの強く持続した願望を持つこと。

**④誰にも負けない努力をする**

地味な仕事を一歩一歩堅実に、弛《たゆ》まぬ努力を続ける。

**⑤売上を最大限に伸ばし、経費を最小限に抑える**

入るを量って、出ずるを制する。

利益を追うのではない。利益は後からついてくる。

**⑥値決めは経営**

値決めはトップの仕事。
お客様も喜び、自分も儲かるポイントは一点である。

**⑦経営は強い意志で決まる**

経営には岩をもうがつ強い意志が必要。

**⑧燃える闘魂**

経営にはいかなる格闘技にもまさる激しい闘争心が必要。

**⑨勇気をもって事に当たる**

卑怯《ひきょう》な振る舞いがあってはならない。

**⑩常に創造的な仕事をする**

今日よりは明日、明日よりは明後日と、常に改良改善を絶え間なく続ける。創意工夫を重ねる。

**⑪思いやりの心で誠実に**

商いには相手がある。相手を含めて、ハッピーであること。皆が喜ぶこと。

**⑫常に明るく前向きに、夢と希望を抱いて素直な心で**

## ［六つの精進］

誰にも負けない努力をする
謙虚にして驕《おご》らず
反省のある毎日を送る
生きていることに感謝する
善行、利他行を積む
感性的な悩みをしない

## ［京セラ会計学］7つの会計原則

①キャッシュベース経営の原則
②一対一対応の原則
③筋肉質経営の原則
④完璧主義の原則
⑤ダブルチェックの原則
⑥採算向上の原則
⑦ガラス張り経営の原則

# 第6章 ▶▶▶

# アメーバ経営の組織づくりと収入分配

初めて新商品の企画を任された美鈴。
なんとか一人で仕様書をつくって提出したのだが、
商品部にツメの甘さを指摘され……。

――3月
ジャングルマート新宿店へのアメーバ経営導入から9カ月が経過
おい星空 知ってるか?
今日の朝礼 社長が来るらしいぞ
そうなんですか? 私社長けっこうタイプなんですよね ダンディーで渋くて
あ私 今日 おでこ テカって ないですかね?
おいおい…
今日は新宿店の皆さんに一つご報告があって来ました
ご存知の通り新宿店の売上はこの9カ月 右肩上がりを続けてきました
これもひとえに皆さんの努力の成果です
感謝しています ありがとう

ついてはこの新宿店のここまでの成功の原動力であった『アメーバ経営』をジャングルマート全社に導入することを決定しました！
この新宿店と同じく各店舗の売り場をアメーバとして組織するほか本社の各部署もそれぞれアメーバとして設定
さらにアメーバ経営には欠かせない毎日の売上を管理して部門別採算表を作成し各店舗に共有する『経営管理部』を新設することとしました
これも皆さんが実績を出してくれたことで役員たちを納得させられたからです
そのモデルケースとして皆さんにはますます全社の手本となるよう奮闘努力をお願いしたい！
はいっ！
これからがジャングルマートの本当のリスタートです！

ここで
店舗以外の各部署における
アメーバ経営の導入について
簡単に説明しておきましょう

## 【採算部門】

収入を計上することができる部門！
経営の主力だ！

・各店舗

・商品部
店舗からの発注を受け 商品を大量・安価に仕入れて供給する
【収入】業者からの仕入れ値と店舗への卸値の差額が利益となる

・販促部
店舗チラシや販促物・ポップの作成 イベント運営 メディア戦略 ＨＰ制作
【収入】社内協力対価という形で各店舗から収入を得る

・開発部
自社新製品の企画・設計・開発
【収入】店舗から売上に応じたロイヤルティーをもらい収入とする

・物流部
全国の店舗への物流管理
【収入】社内協力対価という形で各店舗から収入を得る

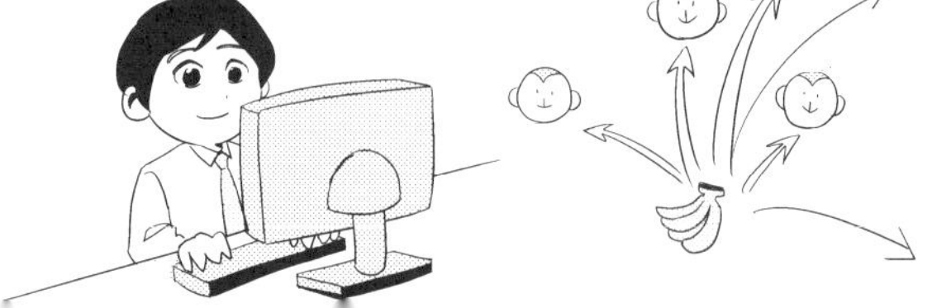

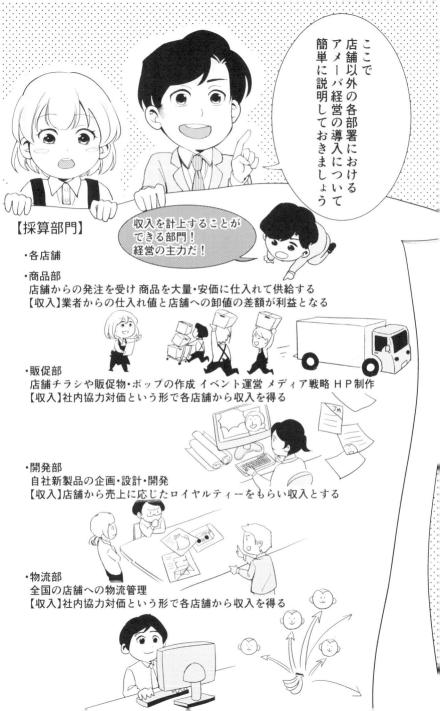

アメーバ経営では会社の部署を「採算部門(Profit Center)」と「非採算部門(Non Profit Center)」に分けて考えます
例えばジャングルマートでいうと……
実際には この各部署を業務の実態に応じて さらにいくつかのアメーバに分けることもあります
「社内協力対価」「ロイヤルティー」についてはは後ほど説明します！
【非採算部門】
・経営管理部
毎日の売上や経費を分析 管理し部門別採算表を作成
・総務部
・経理部
・人事部
・システム部
・経営企画部
直接の収入を計上できない部門！採算部門の日々の活動を支援します！
なお非採算部門の経費は話し合いでルールを決めたうえで採算部門が分担して負担します

UKCKY
この新商品 おいしいですよねー しかも ジャングルマートの 自社ブランドだから 安い！
これ 開発してくれた人に ノーベル賞あげたい！
勝手に 食べないでください！
あーっ
自社ブランド商品の 開発はまさに 「一人ひとりの社員が主役」 というアメーバ経営の考え方 そのものだと思わないか！
星空くん 何か開発したい商品は ないのかい？
せっかくだから 君が所属してる バラエティー売り場の 商品で
うまいな
コラー！
新商品かぁ ……
ボリボリ

翌日
たっ たっ たっ
小泉さん！見てください！
新宿という土地柄 地下のライブハウスでアイドルライブがある度にダース単位で売れる隠れた人気商品 サイリウム……
サイリウム
ですが 現役アイドルオタクとして言わせてもらえば この出費が実はなかなか痛い！
推しメンが1人なら1色のサイリウムだけ買えばいいんですけど 私みたいに誰でも大好きな箱推しファンは 全色のサイリウムをそろえて曲ごとに振り分けたい！
むむむ
そこで！私は考えました 使い捨てのサイリウムではなく 推しに合わせて7色 いや12色に光るアイドルライブ専用最強ペンライトを！
な……なるほど……
これ売れると思いませんか！ っていうかまず私が欲しいです！

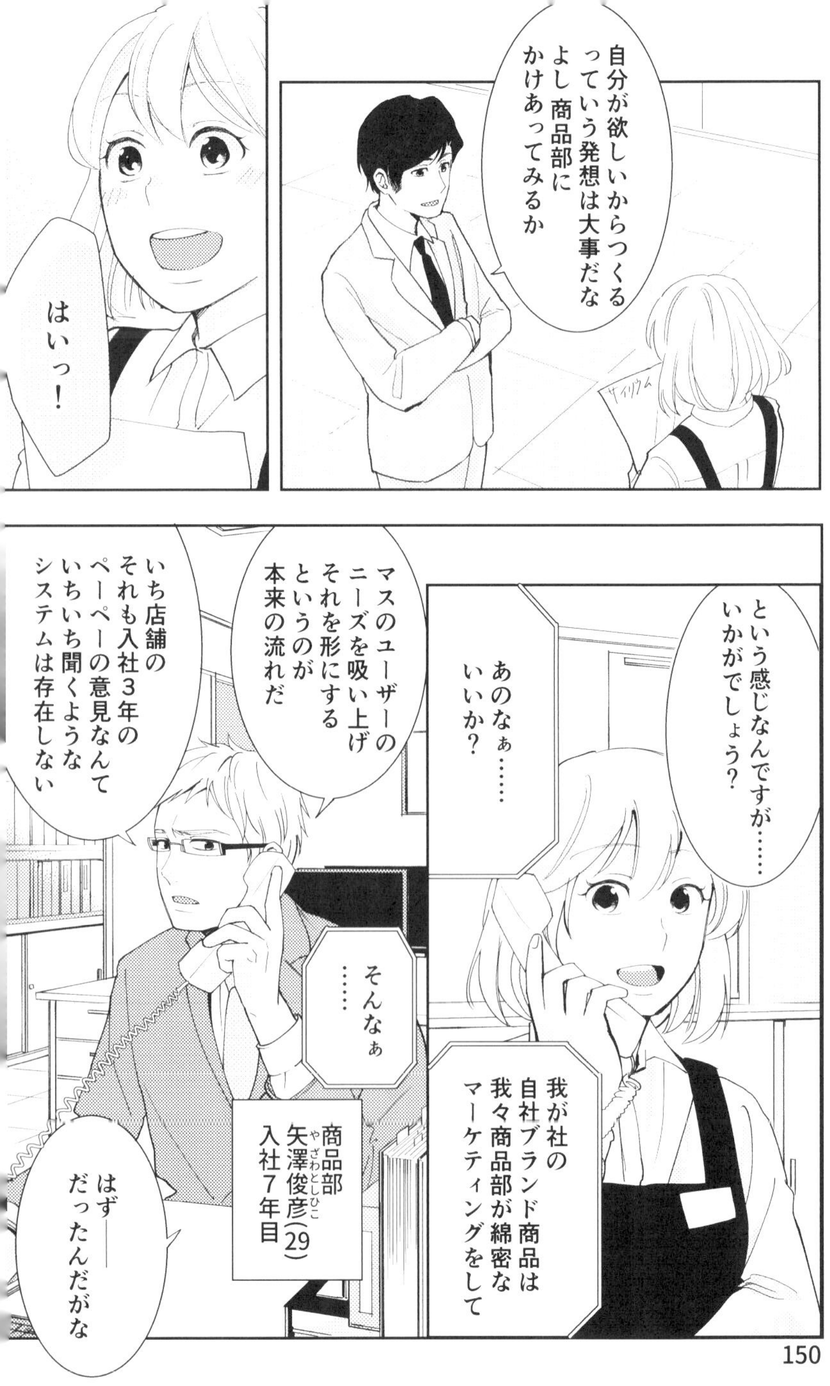
自分が欲しいからつくる
っていう発想は大事だな
よし 商品部に
かけあってみるか
はいっ！
という感じなんですが……
いかがでしょう？
あのなぁ……
いいか？
マスのユーザーの
ニーズを吸い上げ
それを形にする
というのが
本来の流れだ
いち店舗の
それも入社3年の
ペーペーの意見なんて
いちいち聞くような
システムは存在しない
そんなぁ
……
我が社の
自社ブランド商品は
我々商品部が綿密な
マーケティングをして
商品部
矢澤《やざわ》俊彦《としひこ》(29)
入社7年目
はず――
だったんだがな

アメーバ経営の全社導入に伴ってジャングルマートフィロソフィも配布されたろ
「お客様と一番近くで接している売り場スタッフの意見に積極的に耳を傾ける」なんて書いてあるんだもんなぁ
それじゃ……
いいよ 開発部も招いて打ち合わせの機会をつくってやる
ただしその時までにはこんな落書きみてぇなペライチの企画書じゃなくて仕様書のたたき台くらいのモンを用意しろ 分かったな
ありがとうございます!
礼は早ぇよ まだ話を聞いてやるって言ってるだけだ ちゃんと売れそうな企画書持って来いよ
1週間後 本社商品部
美鈴ちゃん久しぶり~
亜矢《あや》ちゃん久しぶり~~!
相変わらず髪の毛つやっつやだね~
女磨きが趣味ですから~
開発部 南《みなみ》亜矢《あや》(25) 入社3年目
じゃあ 仕事の話をするぞ 企画書出せ
よろしくお願いします!

ピキッ
仕様書のたたき台くらいのものを用意しろって言ったよな?
仕様書って書いたことなくて……(汗)
ないならないで勉強しろ! 材質もサイズも何も分かんねぇじゃねえか
だいたいこれ電池式か? 充電式か?
イメージでは電池です……
単1? 単2? 単3?
重くなっちゃうから単4でいいかなーなんて
それで何時間持つ計算なんだよ 単4が1本か? 2本か? 今どきのLEDの消費電力調べたか?
必要な明るさによって持ち時間も変わるよな? ライブって長けりゃ5時間とかもあるだろ?
よくご存知で……
仕事なめてんじゃねーぞ こんな企画書小学生でも書ける

すみません……
ったく……
分かんねぇなら1人で突っ走る前に相談しろってんだ
商品部も開発部もお前なんかより断然知識も経験もあるんだから
あれ……
ひょっとして矢澤さんツンデレですか？
何言ってんだバカ！
どうですか⁉
いや俺はそういう分野に関しては素人だから中身は任せるよ
そうですかぁ

ただ
アメーバ経営の観点から一つ言えるのはコストダウンはしっかり考えているか？
コストダウン……
「売上最大、経費最小」これが基本の考え方だ それで言えばこんな飾りパーツはたぶん無駄になる
原料に関してもそうだ この部分この企画書ではアルミと書いてあるがプラスチックにしても機能は変わらないいんじゃないか？
それは……でもこの方がかわいいし……
もちろんコストダウンが行きすぎて品質を落としてしまっては本末転倒だ そんなときは物事の本質に立ち返る
この商品の何が魅力でこれを世に出そうとしているのか誰よりも深く考えるんだ
誰にも負けない努力をする 常に創造的な仕事をする 稲盛経営12カ条にある言葉だ
この商品の本質……
このペンライトが生まれることで一番喜ぶのは誰だ？
それはもちろんライブを見に行く……
お客さん……

違う！
お客さんはいろんな色のライトを振ることでステージ上のアイドルを喜ばせたいんだ！
そのためには飾りなんかよりライブの最後までくっきり明るく光っていることが大事！
それが本質ということだ
いい商品できそうか？
はいっ！
ジャングルブレード(仮称)
商品名『激推し！ジャングルブレード！』

製造原価は
できる限り抑えたけど
見た目のオシャレさは
損なってないつもり
うひょー
いいよ亜矢ちゃん！
シンプルだけど
手になじむ！

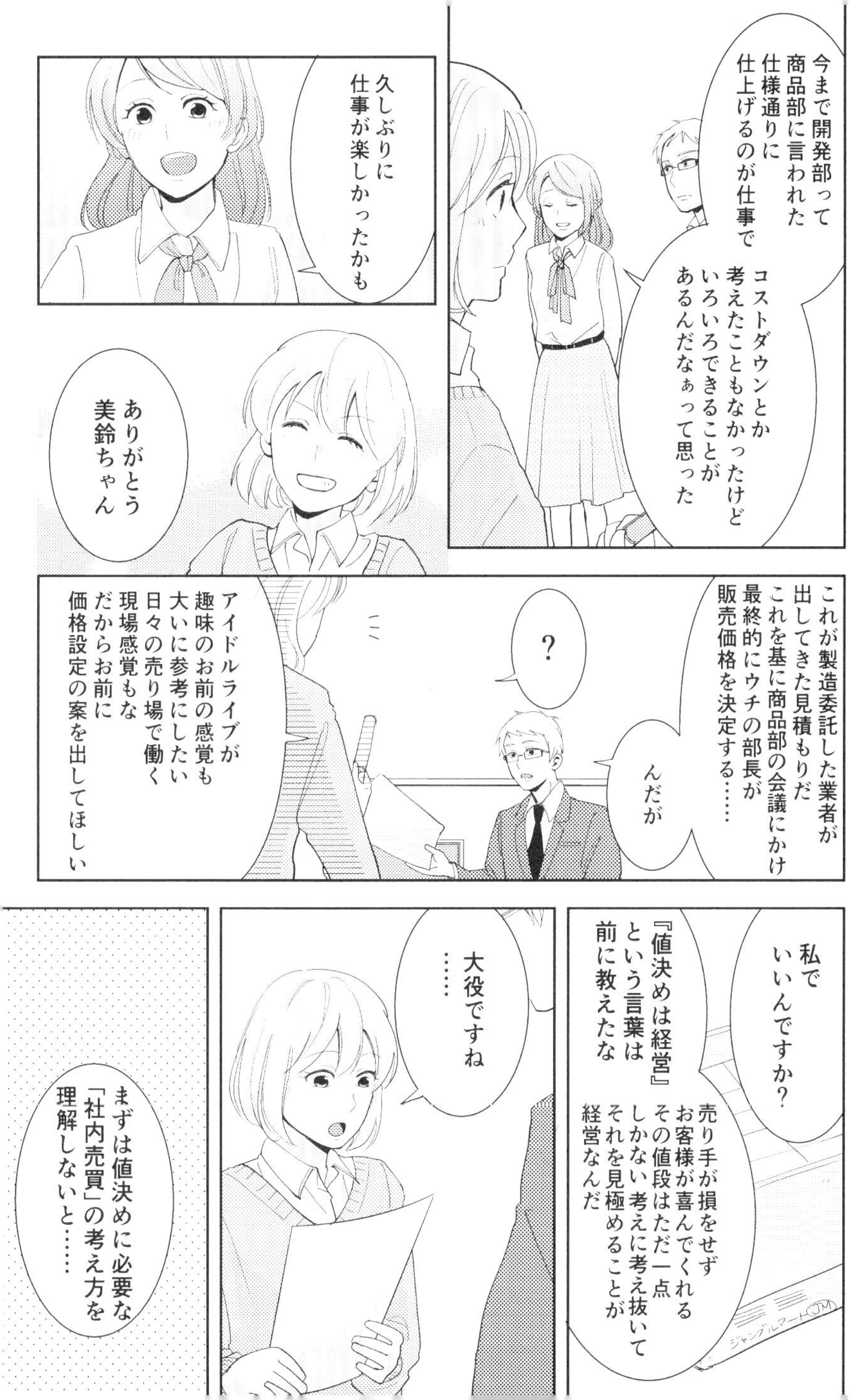
今まで開発部って商品部に言われた仕様通りに仕上げるのが仕事で
コストダウンとか考えたこともなかったけどいろいろできることがあるんだなぁって思った
久しぶりに仕事が楽しかったかも
ありがとう美鈴ちゃん
これが製造委託した業者が出してきた見積もりだ　これを基に商品部の会議にかけ最終的にウチの部長が販売価格を決定する……
んだが
?
アイドルライブが趣味のお前の感覚も大いに参考にしたい　日々の売り場で働く現場感覚もな　だからお前に価格設定の案を出してほしい
私でいいんですか?
『値決めは経営』という言葉は前に教えたな
売り手が損をせずお客様が喜んでくれるその値段はただ一点しかない考えに考え抜いてそれを見極めることが経営なんだ
ジャングルマート
JM
大役ですね……
まずは値決めに必要な「社内売買」の考え方を理解しないと……

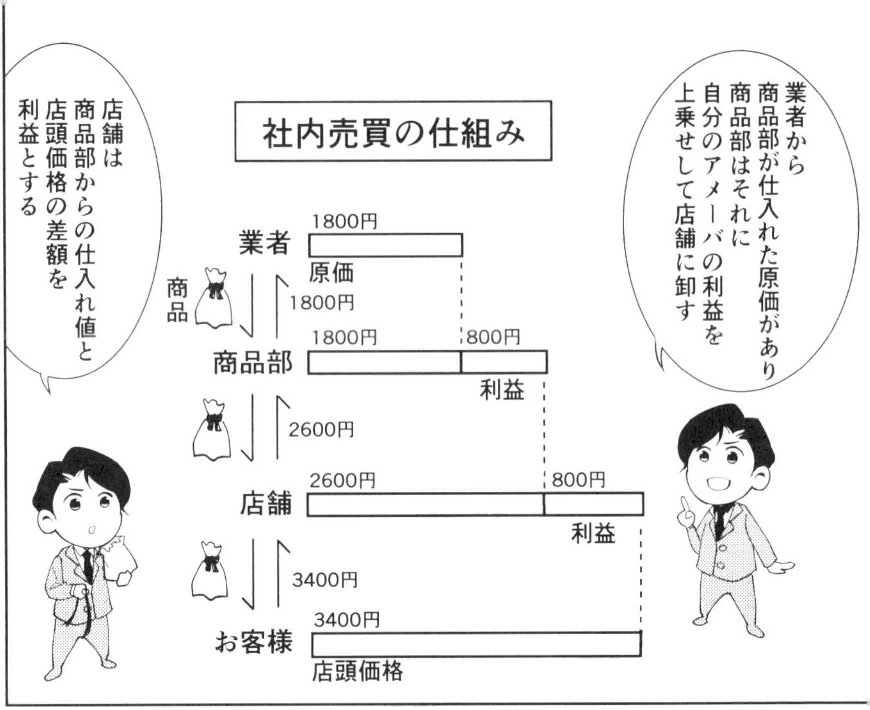
業者から商品部が仕入れた原価があり商品部はそれに自分のアメーバの利益を上乗せして店舗に卸す
社内売買の仕組み
1800円
業者
原価
商品
1800円
1800円
800円
商品部
利益
2600円
2600円
800円
店舗
利益
3400円
3400円
お客様
店頭価格
店舗は商品部からの仕入れ値と店頭価格の差額を利益とする

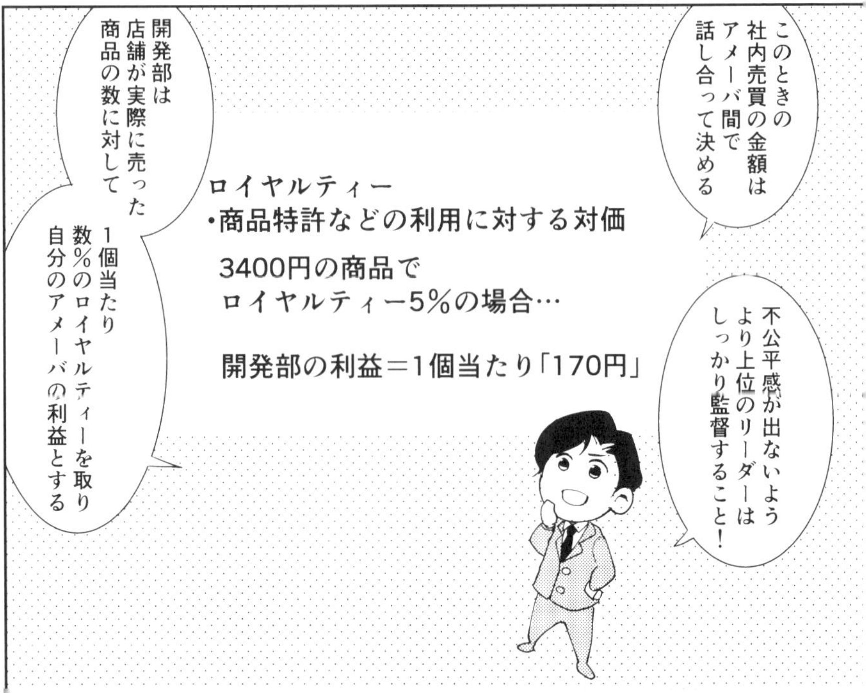
このとき社内売買の金額はアメーバ間で話し合って決める
開発部は店舗が実際に売った商品の数に対して
1個当たり数%のロイヤルティーを取り自分のアメーバの利益とする
ロイヤルティー
・商品特許などの利用に対する対価
3400円の商品でロイヤルティー5%の場合…
開発部の利益＝1個当たり「170円」
不公平感が出ないようより上位のリーダーはしっかり監督すること!

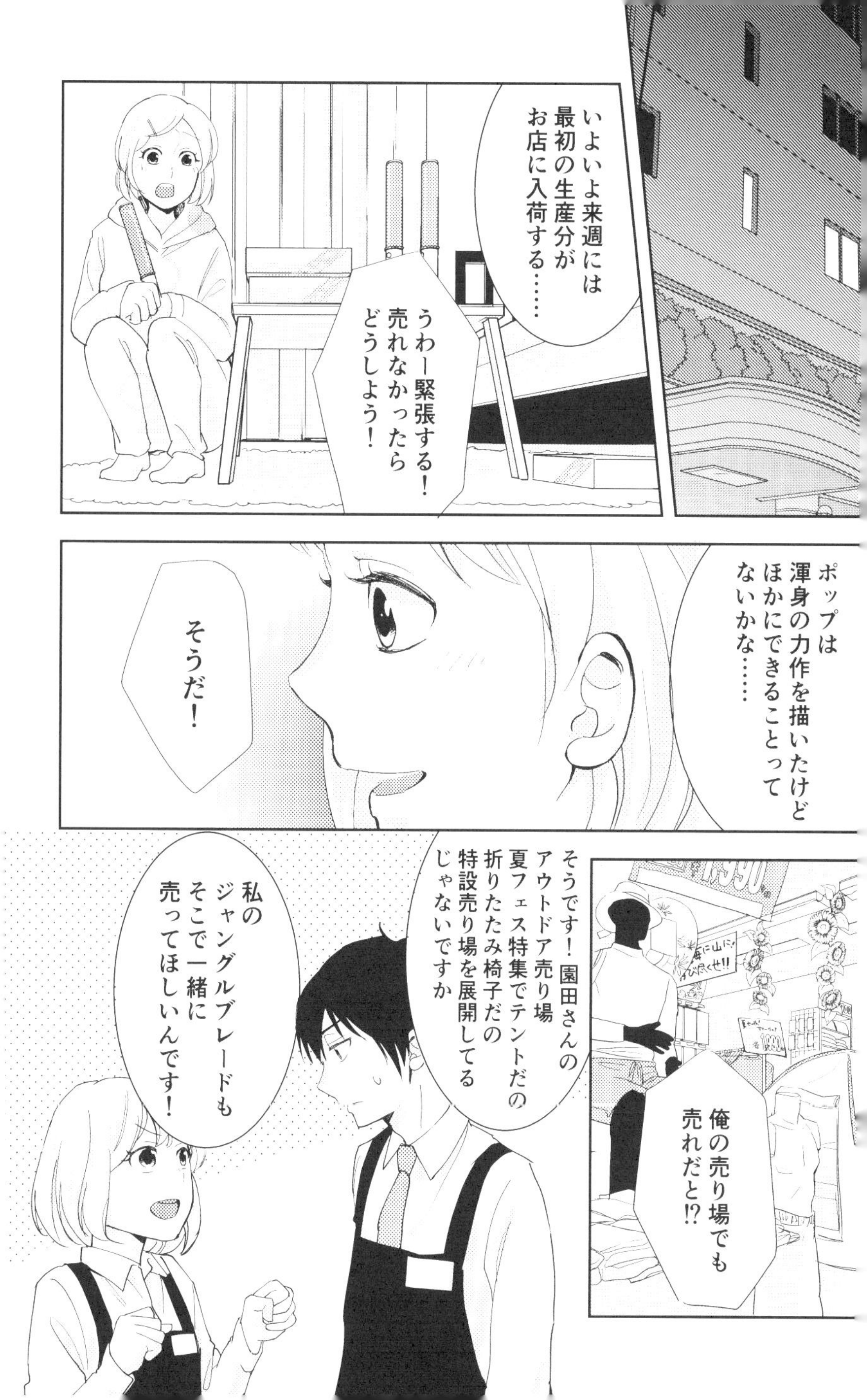
いよいよ来週には最初の生産分がお店に入荷する……
うわー緊張する！売れなかったらどうしよう！
ポップは渾身の力作を描いたけどほかにできることってないかな……
そうだ！
そうです！園田さんのアウトドア売り場夏フェス特集でテントだの折りたたみ椅子だの特設売り場を展開してるじゃないですか
私のジャングルブレードもそこで一緒に売ってほしいんです！
俺の売り場でも売れだと⁉

そんなことして
俺のアメーバに
何の得があるんだよ
自分のアメーバに
じゃないです
お客様が新商品を見て
知って買ってくれることが
お店にとっての
利益につながるんです！
都合のいいこと
言いやがって……
動機善なりや
私心なかりしか
稲盛さんの
言葉だ
商売をするに当たっては
それが会社のためひいては
社会のためになっているか
それは自分が
得をしたいだけではないのかと
常に問い続ける必要がある
星空くんの願いは
どうだ？
善です！
お客様のためです
私心じゃありません！
……
サマーセール
1990

園田の売り場にだって損な話じゃないぞ
アメーバ経営の手法を使うなら売り場を貸して販売に協力した分その場所代をもらえるよう交渉したらいい
そんなこともできるんですか?
ぜひお願いします!
……いいか これはあくまで取引だ お前のがんばりを認めたとか そんなんじゃないからな
園田さん……
なんだよ
……ツンデレ?
うるせえ!

第6章
解説

# アメーバ経営の組織づくりと収入分配

## 組織を機能に応じて分ける

これまでは分かりやすく解説するために、店舗への導入の例に限って説明してきましたが、ここでは全社的にアメーバ経営を導入する際、どのように組織分けをすればよいのかを説明します。稲盛さんは「アメーバ組織をどのようにつくっていくのかということは、アメーバ経営の始まりであり、終わりである」と語っています。組織づくりこそ、アメーバ経営の成否にかかわる大事なファクターといえます。

アメーバ経営の組織づくりでは、会社を経営していくうえで必要な機能を明確にして、組織はいずれかの機能を担うようにしていきます。

## 採算部門と非採算部門

会社組織を採算部門と非採算部門の2つに分けることが重要です。採算部門とは収入を計上することができる部門で営業部や製造部のことです。ジャングルマートでは店舗などが当てはまります。非採算部門とは直接の収入を計上できない部門で、経理部や総務部、経営企画部などです。非採算部門が活動するためにかかる経費は関連する部門が分担して負担します。

## アメーバ組織の細分化のしかた

アメーバの分け方には何点か気をつけなければならないことがあります。第一に、分けられるアメーバが独立採算組織として成立するために、どこから収入を得たかを明確にでき、かつ、その収入を得るために必要な費用を計算できることです。第二に、ビジネスとして完結した単位で分けることです。リーダーが創意工夫を行う余地がないほどに細分化しては意味がありません。第三に、会社全体の目的や方針を遂行できるようにしなければいけません。

## 値決めは経営

売上を最大にしていこうとすれば、値段のつけ方が重要と

**組織の分類**

**採算部門**

営業部・製造部・店舗・商品部・販促部・物販部など

**非採算部門**

経理部・総務部・経営企画部・人事部
システム部・経営管理部など

なります。値段を高くし過ぎると売れなくなり、かといって安くし過ぎれば売れても利益が残りません。顧客が納得して喜んで買ってくれる最も高い値段を見極めることができるかどうかで、経営の結果は大きく変わっていきます。とはいえ、かけひきや交渉もあるビジネスにおいて、相手の真意を見抜いて顧客も自分も満足できる価格を見定めることは大変難しいものです。ジャングルマートの「激押し！ジャングルブレード」の販売価格も、アイドルライブ好きの美鈴の感覚を取り入れるなどして慎重に検討されました。値決めは真剣に行わなければならないのです。

## 社内売買とは

アメーバ経営ではそれぞれのアメーバを独立採算にするため、社内のアメーバ同士が実際の商売のようにモノの引き渡しによって売買を行います。これを「社内売買」と呼びます。社内売買は個数や量ではなく「金額」でのやりとり

**アメーバ組織の細分化の注意点**

**独立採算組織として成り立つ単位にする**

**ビジネスとして完結した単位で分ける**

**会社全体の目的や方針を遂行できる単位にする**

になるので、一人ひとりの採算意識が高まります。

なお、サービス業のように部門間でモノの受け渡しが生じないビジネスの場合には、他部門からの協力に応じた対価を支払う「社内協力対価」という社内売買を応用した仕組みを取り入れます。

## 社内売買の流れ

社内売買では、売り部門と買い部門の双方の話し合いによって売買価格や数量、納期などを決めていきます。この際には、最終製品が実際にいくらで売れるのかという市場価格

社内売買の仕組み

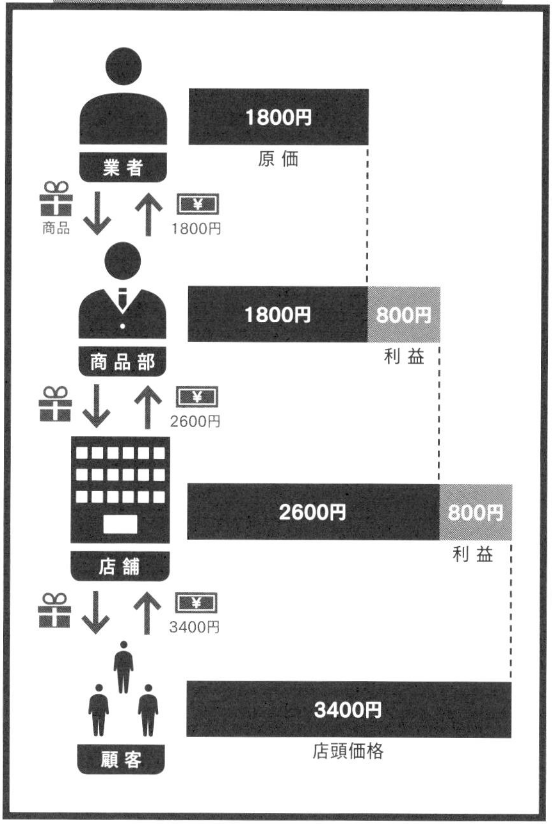
業者
1800円
原価
商品
1800円
商品部
1800円
800円
利益
2600円
店舗
2600円
800円
利益
3400円
顧客
3400円
店頭価格

が意識されるようになります。
売り部門は、話し合いで決まった社内売買価格で利益が出るように全員が経費削減や時間短縮の努力をします。社内のあらゆる部門で一人ひとりが知恵を絞り、創意工夫を凝らして「売上を最大に、経費を最小に」を実践する結果、会社全体が高収益になっていくのです。

## 中間工程のアメーバの社員にも採算意識を

通常、工場の中間工程などの顧客と直接接する機会の少ない部門では、マーケットプライスが大きく下がってもその情報がすぐには伝えられず、効率的なつくり方を考えるなどの対策を取ることがなかなかできないものです。そのために、大手企業であっても結果的に大きな赤字になってしまうということがあります。
アメーバ経営では、社内売買とそれに伴う価格交渉によってマーケットプライスや求められる品質など市場の情報が社内のすみずみに行き渡ります。そのことで、すべての部門が市場の変化に迅速に反応して、コストの削減や生産性の向上に取り組んで採算を維持、向上させることができます。

第7章 ▶▶▶

# 全員参加を実現するアメーバ経営

## ― 一人ひとりの社員が主役 ―

アメーバ経営によって社員が劇的に変わったことを
日々の仕事を通じて実感する美鈴。
そんな中、美鈴と新宿店に重大な転機が……。

8月
いらっしゃいませ！
ジャングルブレード
発売即大ヒッ
しました!!
新宿店
星空美鈴
想定外の大ヒットだな

秋葉原店が「あればあるだけ売れるから在庫全部よこせ！」と怒っていたよ
今本社商品部は大増産です
私のアイデアがどんどん広がっていくって不思議な気分です
はは そうか しかし新宿店も変わったな
以前と比べて何というか歯車がかみ合った感じだ お客様の数もそうだが何よりスタッフがいい顔をして働いている
アメーバ経営を導入してスタッフの何が変わったのかをこの間リーダーを集めたコンパで話したんです
ほう 結論は？
経営者意識とか採算意識とかいろいろあるんですが
一番は……変な話ですがみんな性格が良くなった気がするんです
ハハッ フィロソフィ教育のたまものかな

ところで社長……
ちょっと折り入って
ご相談が……
何だね？
ちょっと
こちらへ……
？
先月の採算表が
上がってきたか……
どれどれ
やっぱりフードは
堅調だな
バラエティーは
ジャングルブレード特需
家電は売上を少しずつ
伸ばしてはいるが
これは競合店に対抗して
価格を下げているからであって
利益はさほど
上がっていない……

これは何か価格以外の競争力をつける対策が必要だな
ホント部門別採算制度になってから会社の隅々までよく見えるようになったなぁ
経営のスピードが上がったというか
いやこれまでの私がなぁなぁすぎただけか……
カチッ
パッ
売り場改革案(部外秘).doc
カチ
カチッ
フッ
タラララァン
ガタ
カ
っと節電節電
チッ

8月上旬 月例会議
家電売り場は先月も時間当りにおいて前年同月比２％の上乗せを達成しました
つきましては今月も同様に２％増を目標にしたいと思います
２％か……確かにそのくらいの数字は超えてもらわないと困る
ちょっといいかな
ガタ
最近リーダーの皆が作成する月次予定について思うことがある
確かに大それた数字を目標にして結果的に届かなければそれは失敗とされリーダーの責任が問われる

だけどそれを繰り返した結果 無難に達成できる 低い目標を立て それを超えることで 満足してはいないだろうか
アメーバ経営における リーダーとは ただの管理者のことじゃない
自らが理想に燃え その姿を見せることで メンバーを真に導く リーダーへと 成長してもらいたいんだよ
私だったら 4%を目指すかな
もう一度 計画をどうするか そしてそのために 何ができるか 必死に考えてほしい
売り場の品ぞろえや 価格設定だけじゃない お客様にウチを選んで いただける付加価値を いかに生み出すか
現場スタッフならではの 創意工夫を期待してるぞ
こんな頼りない店長が リーダー論なんて と思ってるか？
ならば 私から一つ この店の リーダーとして 皆に提案がある
この店に 新しい売り場を つくりたい
ベビー&キッズ 売り場だ

バラエティー売り場が行った子ども向けフェアが成功を収め子ども客や親子連れが増え始めている今が新たな客層を広げるチャンスだ
これまで若者層をメインターゲットに据えてきた我々にとってこれは未知の挑戦となる
だが挑戦なくして成長はない
「お客様の笑顔を創る」
「新しい出会いを創る」
このフィロソフィが決心を後押ししてくれた
ジャングルマートは何でもそろうお店であり
誰もが「ここに来ればない物はない」と思えるお店でなければならない
創業の原点に立ち返るなら無視していい客層などないはずなんだ

もちろん売り場の床面積が増やせない以上各売り場には少しずつ泣いてもらうことになる
アメーバの再編も必要だ
各売り場で以前から扱っていた商品——紙おむつなら日用品売り場子ども服ならファッションおもちゃならバラエティー
それぞれの売り場から適性のあるスタッフをお借りしたい
新宿店のこの数年で最大の改革になるもちろん今日明日に実現する計画ではないが……
スッ
この提案に賛成してもらえるだろうか
パチ
パチ
パチ
ありがとう
私はアメーバ経営導入をきっかけに大きく変わり始めたこの時期に新宿店の店長でいられることに感謝している
君たちとならこの挑戦も成功させられると信じている
稲盛経営12カ条にもこんな言葉がある
「燃える闘魂!」
一緒に新たなジャングルマートを創ろうじゃないか!
はいっ!

小泉くんを
この店に呼んで
1年以上が経つ
君のおかげで
新宿店の営業利益は
昨年比16%も向上した
これも君の手腕と
アメーバ経営の
おかげだ
ありがとう
ございます
ホント
小泉くんには
なんと礼を言っていいやら
……
引き続きサポートを
よろしく頼むよ
ハッハッハ
そのこと
なんだが……
1 2 3…
補充補充……
お徳用クラッカーの
在庫は……っと

って
前にもあったな
こんなこと
ヒョコッ
小泉くんには
今度はアメーバ経営をたたき込みに
行ってもらうことにした
ええっ!?
あ
あはは
……
何やってるんだ
星空くん
また君か……
ちょうどいい
君も入りなさい
はい……
あの……
小泉さん
いなくなっちゃうんですか?
あ…
あ…
ああ 新宿店はもう
君たちだけで大丈夫だ
優秀な新リーダーも
育ってきているしな
小泉くんには
次の店でも
次代を担うリーダーを
育ててもらわなければ
ならない

小泉さん……
そんな不安そうな顔をするな
この店は一人ひとりの社員が主役となって働く素晴らしい店になった
俺のここでの役目は終わったんだよ
そう……ですよね
ただ……
正直この1年で自分一人でできることには限界があるとも感じました
どういうことだ？
要は……俺一人じゃ大変なんで一人借りていっていいですか？
一人って誰を？

え……ひょっとして私ですか？
いいですよね店長
えいやまぁ小泉くんが言うなら……
そんな私まだ全然未熟でまだ入社4年目だし
小泉さんのお役になんて立てないっていうか
俺と来てくれるね
美鈴くんはもう立派なリーダーだ
浅草店でもその経験を生かしてみんなを立派に引っ張っていけるそういう人材がどうしても欲しいんだ
はいっ！

——数カ月後
ジャングルマート
浅草店
私はこうして
アメーバ経営と出合い
実践することで
仕事でも結果を
出せただけでなく
一回り大きい
自分へと
成長することが
できました
お金儲けのため
だけじゃなく……
仕事を 働き方を
一生懸命考えることで
ひいては人生を
生き方を考える——
そんなことが
少しだけ
できるように
なった気が
します

努力を惜しまず
向上心を忘れず
夢の実現に
向かって進む
今はまだ
その道の途中だけど
まだ見ぬお客様の
笑顔と出会いたくて
私は今日も
ジャングルマートで
働いています！

第7章
解説

# 全員参加を実現するアメーバ経営
## ——一人ひとりの社員が主役——

### アメーバ経営とは何か

これまで、アメーバ経営について解説してきましたが、改めてここで、その全体像をおさらいしてみましょう。

**アメーバ経営の3つの目的**

「全員参加経営の実現」
「経営者意識を持つ人材の育成」
「マーケットに直結した部門別採算制度の確立」

アメーバ経営の最大の特徴は、会社組織を「アメーバ」と呼ばれる小集団組織に分け、マーケットプライスを意識しながら独立採算で各アメーバのリーダーが経営を行うことです。小集団が各々の採算を高めようと努力することで、各メンバーの経営参加の意欲が高まります。全員で知恵を出し合って工夫することで採算が向上すれば、さらに頑張ろうという気持ちになれます。この繰り返しで経営者意識を持った人材が育ち、全員参加経営が実現するのです。

## 時間当り採算表

小集団独立採算制を実現するために欠かせないのが「時間当り採算表」です。これは、各アメーバの収入と支出を分かりやすく表にしたものです。とはいえ、会計の専門知識が必要な決算書のような形式ではなく、もっとシンプルな家計簿のような形式であり、各アメーバリーダーはこれを見て、売上を最大にし、経費を最小にしていくのです。

「時間当り」とは、各アメーバ全体が生み出した付加価値を、アメーバメンバー全員の総労働時間で割った数字です。つまり、「一人が1時間にどれだけの付加価値を上げたか」を示す指標となります。

## リーダーとしての役割・経営者意識

独立採算制度によって、アメーバリーダーはそれぞれ「経営者」の立場になります。それにより、会社とアメーバリーダーは雇用主と労働者という労使の関係ではなく、共同経営者として同じ方向を向く同志となります。アメーバリーダーの責任は大きくなり、やりがいが生まれます。また、集団を小さく分けることで若い人材が次々抜てきされ、実務を通じて成長していくことができます。こうして経営者意識を持つ優秀な人材が社内にどんどん誕生していきます。

## 月次予定の作成と日々の管理

月次予定とは、毎月「今月はこれだけの売上を上げ、利益を出す」という目標です。時間当り採算表に予定の数字を書き込み、金額で計画します。これは、「今月はこの目標を達成する」という各アメーバからの決意表明でもあります。

月次予定に対しての現実の達成度合いを日々確認していくことが大切です。予定の売上・利益から遅れそうになれば、達成のために迅速に何らかの対策を立てて実行します。また、次月の予定を立てる際にも、届かなかった理由を精査し、仕事内容を改善していきます。

月次予定の作成と実行においては、アメーバリーダーは現場主義に徹さなければなりません。メンバー一人ひとりの仕事の実態に則した月次予定をつくればこそ、メンバーも「やってみよう」と思うことができます。現場をよく分かったうえで、数字で実態をとらえることが大切なのです。

## 部門ミーティングと朝礼

全員参加経営を実現するためには、経営数字をガラス張りにしてオープンにすることと、メンバーの意識を目標達成に向けてそろえることが重要です。これらを実行する場が部門ミーティングと朝礼です。

部門ミーティングでは、アメーバの月次予定を全員で共有します。目標は金額で具体的に示し、その実現に向けて日々どのようなテーマに取り組むのかも明確にします。月次予定を達成するためにメンバーからもアイデアをどんどん出してもらうことが大切です。

朝礼は全体朝礼と部門朝礼に分かれます。全体朝礼では、社員に知ってほしい大切な情報が発表されます。その一つに各アメーバの経営実績があります。月次予定に対する累計実績と達成率が発表され、すべての社員が自分のアメーバはもちろん、ほかのアメーバの動きを数字で知ることができます。

毎日、メンバー同士がコミュニケーションを取ることも大切で、部門朝礼などの場が活用されます。シフトの都合で朝にメンバーがそろわないような職場であれば、昼礼や終礼などを開いてメンバーが集まれるようにしていきます。

## アメーバ経営会議

アメーバ経営会議は、アメーバリーダーによる会議、経営幹部による会議など、いくつかの階層に分けて開催されます。その目的はマスタープランを達成するために経営トップの思いや考えを伝え、アメーバの現状と課題を共有し、解決策を見つけることです。

課題を解決するために、どのような判断や行動を取ればよいのかを、出席者全員で自由に議論していきます。特に経営トップや幹部の意見やアドバイスは、出席者にとっては経営者の考え方を学ぶ絶好の機会となるので、アメーバ経営会議はリーダー育成の場としても大切な意味があります。

## コンパ

アメーバ経営流「コンパ」では、みんなが酒食を共にしながら、仕事について普段思っていることを率直に話し合い、思いを共有します。アメーバ経営会議の後など、機会を見つけて積極的に開催します。アメーバリーダーが将来の夢や仕事についての考えを語り、共有するために大切な場でもあり、一体感の醸成に欠かせません。

## フィロソフィ

フィロソフィとアメーバ経営は車の両輪に例えられます。「一人ひとりの社員が主役」となっていくために、それぞれの社員の判断の指針となるのがフィロソフィです。その基本となるのは、京セラの創業者、稲盛和夫さんがつくった京セラフィロソフィです。

それは、具体的な「働き方のルール」というよりは、迷ったときの判断基準というべきもので、経営哲学であり人生哲学といえるものです。

アメーバリーダーがメンバーに進んで経営参加してもらおうと思えば、「お山の大将」のように勝手気ままに振る舞うのではなく、みんなから信頼され、尊敬されなければなりません。そのためにも、まずアメーバリーダー自身がフィロソフィを身につけることが大切です。

## 一人ひとりの社員が主役になる

　こうして、フィロソフィという「考え方」とアメーバ経営という「仕組み」がガッチリとかみ合ったとき、最大の成果が生み出されます。それは企業の成長ということだけでなく、そこで働く社員たちの人間的な成長にもつながります。美鈴もフィロソフィを学びアメーバ経営を実践したことについて、次のように感想を述べました。「仕事で結果を出せただけでなく、一回り大きい自分へと成長することができました。働き方を一生懸命考えることで、ひいては生き方を考える――そんなことが少

しだけできるようになった気がします」

達成すべき目標を具体的に定め、それを全員で共有し、一人ひとりが働きがい、やりがい、生きがいを見出すことで、会社も社員も幸せになる。それがまさに、「一人ひとりの社員が主役になる」ということ――アメーバ経営がつくりだす会社の姿なのです。

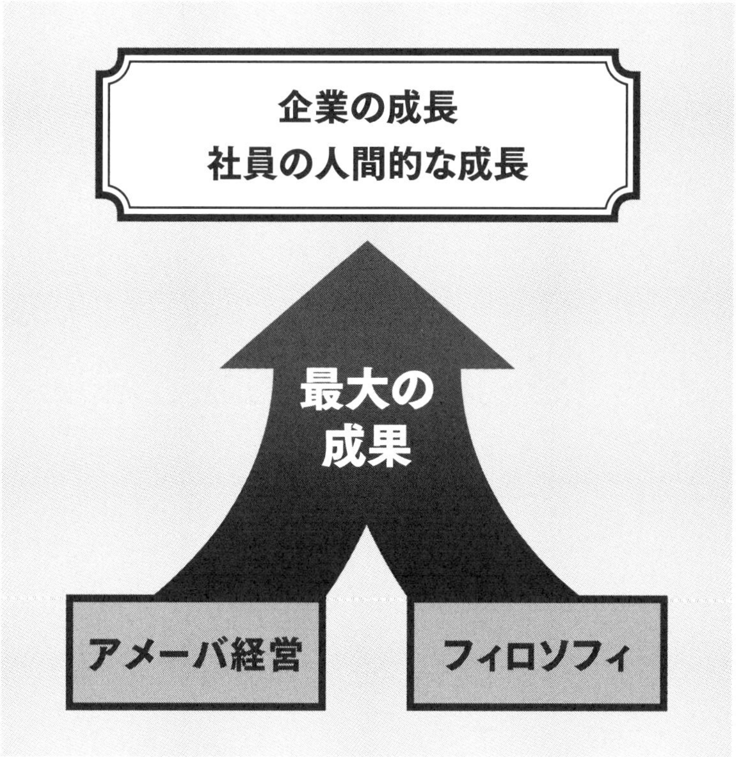

（参考図書）

『稲盛和夫の実学――経営と会計』（稲盛和夫 著、日本経済新聞出版社）
『アメーバ経営――ひとりひとりの社員が主役』（稲盛和夫 著、日本経済新聞出版社）
『稲盛和夫の実践アメーバ経営――全社員が自ら採算をつくる』
（稲盛和夫・京セラコミュニケーションシステム株式会社 著、日本経済新聞出版社）

【監修】

## 京セラコミュニケーションシステム株式会社

ICT、通信エンジニアリング、環境エネルギーエンジニアリングを手がけ、企業の情報基盤や社会の通信基盤、環境との共生基盤の構築・運用支援を行うほか、京セラ独自の経営管理手法「アメーバ経営」の導入・運用支援を軸にした経営コンサルティング事業を行う。

【マンガ】

## 綾瀬てる

漫画家・イラストレーター。アミューズメントメディア総合学院卒業後、同学院にてチューターも務める。『マンガキャラの食べ物資料集』(廣済堂出版)表紙カット、本文イラストを担当。

# マンガでわかる
# 稲盛和夫のアメーバ経営

2017年11月22日　初版第1刷発行

監　　修：京セラコミュニケーションシステム株式会社
マ ン ガ：綾瀬てる
発 行 者：滝口直樹
発 行 所：株式会社マイナビ出版
〒101-0003　東京都千代田区一ツ橋2-6-3 一ツ橋ビル2F
電話　0480-38-6872【注文専用ダイヤル】
03-3556-2731【販売部】
03-3556-2735【編集部】
URL　http://book.mynavi.jp
編　　集：株式会社VTANK(星野哲男・加藤英)
カバー・本文デザイン：秋山俊・OFFICE ASK
印刷・製本：中央精版印刷株式会社

※価格はカバーに記載してあります。
※乱丁・落丁本についてのお問い合わせは、TEL:0480-38-6872【注文専用ダイヤル】、または電子メール:sas@mynavi.jpまでお願いします。
※本書について質問等がございましたら(株)マイナビ出版編集第2部まで返信切手・返信用封筒を同封のうえ、封書にてお送りください。お電話での質問は受け付けておりません。

Printed in Japan ISBN978-4-8399-6181-7